KLEINE REIHE
GESCHICHTE
DIDAKTIK UND METHODIK

Marco Dräger, Sabine Horn

Erklärvideos im Geschichtsunterricht

Die Kapitel 1, 6 und 8 in diesem Band wurden von Sabine Horn und Marco Dräger gemeinschaftlich verfasst. Die übrigen Kapitel stammen von Marco Dräger.

Bibliografische Information der Deutschen Nationalbibliothek

Die Deutsche Nationalbibliothek verzeichnet diese Publikation in der Deutschen Nationalbibliografie; detaillierte bibliografische Daten sind im Internet unter http://dnb.d-nb.de abrufbar.

Die Kleine Reihe Geschichte wird herausgegeben von Bernward Debus, Bettina Degner, Saskia Handro und Christoph Kühberger.

www.wochenschau-verlag.de

Umschlaggestaltung: Ohl Design
Titelbild: © 2F_komado/stock.adobe.com
Gesamtherstellung: Wochenschau Verlag
Gedruckt auf chlorfrei gebleichtem Papier
Print-ISBN 978-3-7344-1646-0
PDF-ISBN 978-3-7566-1646-6
https://doi.org/10.46499/2221
ISSN 2749-1463
eISSN 2749-1471

Inhalt

1. **Erklärvideos als geschichtskulturelles Phänomen – Einleitung** . . . 5
2. **Erklären – wie geht das eigentlich? Geschichtsdidaktische Annäherung an einen Operator** . . . 9
   - Operatoren – keine wirkliche Hilfe . . . 10
   - Arten von historischen Erklärungen . . . 11
   - Wie kann man narrativ und damit insbesondere historisch erklären? . . . 12
3. **Definition und Arten von Erklärfilmen und Erklärvideos – Annäherung an das Medium** . . . 14
   - Klassifizierung nach Stilen bzw. Genres . . . 14
   - Klassifizierung nach dem Ausmaß von Narration und Didaktisierung . . . 17
4. **Didaktisches Potential von Erklärfilmen und Erklärvideos** . . . 22
5. **Qualitätskriterien für Analyse und Produktion von Erklärfilmen und Erklärvideos** . . . 32
   - Fachliche Qualitätskriterien . . . 35
   - (Fach-)Didaktische Qualitätskriterien . . . 36
   - Filmgestalterische Qualitätskriterien . . . 41
6. **Exemplarische Analysen** . . . 45
   - MrWissen2go . . . 45
   - Simple Club . . . 48
   - EinfachSchule . . . 51
   - Analyse anhand ausgefüllter Checklisten . . . 53
7. **Produktion von Erklärvideos in der Unterrichtspraxis: Methodische Möglichkeiten** . . . 57
   - Voraussetzungen, Vorbereitung und Planung . . . 57
   - Macharten, Techniken und Software . . . 61
8. **Fazit und Ausblick** . . . 65
9. **Literatur** . . . 73

1. Erklärvideos als geschichtskulturelles Phänomen – Einleitung

Erklärvideos im Alltag

Auf dem Weg zu Schule und Hochschule mit öffentlichen Verkehrsmitteln hört man bisweilen unfreiwillig Gespräche von Schülerinnen und Schülern sowie Studierenden mit. Gar nicht einmal selten thematisieren sie untereinander, was sie in welchem Fach nicht verstanden haben und wie sie zu Hause an der Beseitigung dieses Verständnisdefizits gearbeitet haben. Oft sagen sie dann, sie hätten ein Erklärvideo von diesem oder jenem Kanal angesehen, dort sei ihnen der im Unterricht vermittelte Sachverhalt noch einmal verständlich und gut erklärt worden, so dass sie ihn nun verstanden hätten. In solchen Konversationen ist auch das Fach Geschichte ein regelmäßiges Beispiel für eine schwer verständliche Materie, deren Durchdringung der häuslichen Vertiefung mittels Erklärvideos bedarf. Was für Schülerinnen und Schüler gilt, trifft auch auf Studierende zu. Sie nutzen ebenfalls oft Erklärvideos zur Nachbereitung von Seminaren oder gar zur Vorbereitung von Referaten und Prüfungen. Der bloße Hinweis auf mögliche Mängel und Defizite dieses Formats sowie eine entsprechende Warnung vor einem allzu sorglosen Umgang damit von Seiten der Lehrkräfte und Dozierenden helfen nicht weiter; die Erklärvideos und -filme werden ja trotzdem „konsumiert". Sie sind nämlich ein fester Bestandteil der populären Geschichtskultur (vgl. dazu auch Popp 2021, 172). Es handelt sich bei ihnen quasi um unreflektierte audiovisuelle Meistererzählungen. Sie blenden oft sowohl den generellen Konstruktcharakter von Geschichte als auch die Reflexion ihrer eigenen Machart aus und vermitteln den Rezipientinnen und Rezipienten die Illusion, „dass es sich bei Geschichte um einen sicheren Hort an standort-, zeit- und quellenunabhängigem faktischen Wissen über die Vergangenheit handele" (Popp 2021, 172).

Erklärvideos als Herausforderung und Chance für den Geschichtsunterricht

Dieser Gestus – oftmals verbunden mit einer herablassenden Haltung gegenüber Schule sowie der selbstbewusst artikulierten Überzeugung, relevantes Wissen für Unterricht und Prüfungen in angemessener und zugleich zielführender sowie unterhaltsamer Weise zu vermitteln – lässt das Medium Erklärvideo bzw. -film zu einer großen Herausforderung „für einen wissenschafts- und kompetenzorientierten sowie medienkritisch ausgerichteten Geschichtsunterricht" (Popp 2021, 172) werden. Die fachliche Qualifikation der Produzierenden ist oft unklar, die Qualität der Produkte bisweilen zweifelhaft (vgl. Horn 2021, 152).

Doch wo Probleme und Defizite sind, sind auch Chancen. Gerade angesichts ihrer genrespezifischen Charakteristika können Erklärvideos und -filme als Lerngegenstände im schulischen Geschichtsunterricht fungieren. In Zeiten zunehmender Digitalisierung eignen sie sich nicht nur deshalb hervorragend, sondern auch, weil ihnen aufgrund der o. g. Merkmale ein großes Potential für historisches Lernen im von Susanne Popp formulierten Sinne innewohnt. Dies gilt es im Unterricht zutage zu fördern und lernwirksam zu nutzen. Deshalb wollen wir im Folgenden Erklärvideos nicht nur als ein geschichtskulturelles Phänomen betrachten, sondern den Umgang mit ihnen und ihre Nutzung auch produktiv für den schulischen Geschichtsunterricht wenden.

Digitalisierung von Schule und Hochschule

Schon vor der Corona-Pandemie war Digitalisierung als Schlagwort in aller Munde, man denke etwa an die Strategie der Kultusministerkonferenz „Bildung in der digitalen Welt" aus dem Jahr 2016, die eine solche Entwicklung für Schule und Hochschule einforderte. Die Corona-Krise mit Homeschooling und Distanzlernen ließ eine solche Entwicklung aktuell als bildungspolitisch und gesellschaftlich geradezu notwendig erscheinen und erhöhte diesbezüglich den Handlungsdruck. Angesichts des Wandels von Medien- und Lernkultur sind bisweilen auch sehr euphorische Einschätzungen zu hören. Den Urheber des folgenden Zitats verraten wir allerdings erst im Fazit: „Bücher werden in den Schulen bald ein veraltetes Lernmittel sein. Lernende werden bald audiovisuell unterrichtet werden. Denn es ist nun möglich, jegliche

Art menschlichen Wissens mit Hilfe von Filmen zu unterrichten. Unser Schulsystem wird sich innerhalb der nächsten zehn Jahre von Grund auf ändern."

Geschichtsdidaktik und Digitalisierung

Die Geschichtsdidaktik hat sich ebenfalls auf den Weg gemacht und die „digitale Welt" erkundet. Bislang liegen einige theoretische Arbeiten zur digitalen Medienbildung in der Geschichtsdidaktik vor. Besonders erwähnenswert ist hier die Arbeit von Daniel Bernsen und Kollegen (Bernsen/König/Spahn 2012, Bernsen/Spahn 2015, Bernsen/Kerber 2017). Sie beschreiben erstmals vier handlungstheoretische Modi, nämlich Lernen an digitalen Medien, Lernen mit digitalen Medien, Lernen über digitale Medien und Lernen in digitalen Medien. Ebenfalls lesenswert sind die Überlegungen von Markus Bernhardt und Sven Neeb. Sie untergliedern digitales historisches Lernen in die fünf Bereiche digitale Organisationswerkzeuge, digitale Such-, digitale Lehr- und Lernwerkzeuge, Recherche- und Datenverwaltungsanwendungen, interaktive Lernmaterialien sowie narrative Anwendungen (Bernhardt/Neeb 2020, Bernhardt/Neeb 2021).

Erklärvideos als digitale Lehr- und Lernwerkzeuge

Allein, es fehlt bislang an pragmatischen und praktischen Umsetzungen der Theorie. Dies trifft besonders auf Erklärvideos zu. Aus dem vielfältigen Phänomenkreis digitaler Medien sollen deshalb sie angesichts ihrer Aktualität und ihres Lebensweltbezugs als digitale Lehr- und Lernwerkzeuge bzw. Darstellungen von Geschichte (vgl. Memminger 2023, 167 und 172–173) im Zentrum dieses Bandes stehen. Denn obwohl sie unseres Erachtens über großes Potential für historisches Lernen in Schule und Hochschule verfügen, sie sind bis dato geschichtsdidaktisch nahezu unbeachtet (vgl. Popp 2021, 172).

Gliederung des Bandes

Wir verstehen diesen Band als ersten umfassenden Einstieg in diesen Themenkomplex und gehen daher auf folgende Fragen ein:

- Wie funktioniert historisches Erklären überhaupt?
- Was bedeutet es eigentlich, etwas in Kurzform per Video historisch zu erklären?
- Welche Arten von Erklärvideos bzw. -filmen gibt es und wie lassen sie sich im Geschichtsunterricht sinnvoll einsetzen?

- Gibt es bereits in unserem Fach oder in anderen Disziplinen Kriterien für die Analyse und Produktion von Erklärvideos?
- Welches Potential und welche Chancen, aber auch welche Probleme und Grenzen haben Erklärvideos und -filme als Medium der Geschichtsvermittlung und des historischen Lernens für Lehrende und Lernende?

Im Anschluss an unsere Antworten auf diese Fragen wenden wir das Thema pragmatisch und präsentieren Qualitätskriterien bzw. Checklisten für die Analyse bereits vorhandener Erklärvideos und -filme speziell für den Geschichtsunterricht. Auch für die Eigenproduktion möchten wir Lehrkräften Hinweise zu Apps und Anwendungen bzw. Software geben. Des Weiteren legen wir Beispielanalysen vor. Abschließend fassen wir unsere Ergebnisse zusammen und geben einen Ausblick auf weitere Möglichkeiten und Arbeitsfelder im Hinblick auf die Nutzung von Erklärvideos und -filmen im Geschichtsunterricht.

2. Erklären – wie geht das eigentlich? Geschichtsdidaktische Annäherung an einen Operator

Synonyme

Umgangssprachlich benutzen wir den Begriff „erklären“ im Alltag ziemlich oft. Wenn wir z. B. etwas nicht verstehen, bitten wir jemanden darum, es uns noch einmal zu erklären. Synonyme für Erklären sind z. B. erläutern, begründen, umformulieren, umschreiben, entfalten, illustrieren, klar oder verständlich darstellen, veranschaulichen oder verdeutlichen. Der Duden kennt insgesamt 95 Synonyme dafür (https://www.duden.de/synonyme/erklaeren).

Definition

(Historisches) Erklären im geschichtswissenschaftlichen und geschichtsdidaktischen Sinn ist aber ein fachsprachlicher Begriff und meint etwas anderes. Als Erklären bezeichnet man einen Vorgang, der darauf abzielt, ein Kenntnisdefizit zu beseitigen. Beim historischen Erklären wird somit ein historisches Phänomen auf seine Ursachen und Bedingungen zurückgeführt; kausale Beziehungen zwischen Ursachen und Folgen werden unter Berücksichtigung des historischen Kontextes in einen zeitlichen Zusammenhang gestellt und entsprechend erläutert (vgl. Welskopp 2002, 81).

Spannungsverhältnis zwischen Natur- und Geisteswissenschaften

Lange Zeit bestand ein Spannungsverhältnis zwischen (naturwissenschaftlichem) Erklären und (historischem) Verstehen. Während naturwissenschaftliche Erklärungen Zusammenhänge durch universal gültige Naturgesetze und Regeln erklären, bezeichnet man mit dem Begriff des historischen Verstehens zunächst vor allem die Individualität und Besonderheit historischer Phänomene, denen man sich beschreibend und hermeneutisch deutend nähert. Mittlerweile ist diese Dichotomie überwunden und auch die Geschichtswissenschaft bietet der Spezifik ihrer Forschungsgegenstände gemäß Erklärungen für historische Veränderungen – eben nicht im Sinne regelgeleiteter Gesetzmäßigkeiten, sondern von Bedingungen und Zusammenhängen im historischen Kontext.

Operatoren – keine wirkliche Hilfe

Operatoren – keine wirkliche Hilfe

In den „Einheitlichen Prüfungsanforderungen in der Abiturprüfung“ (EPA) wird „erklären“ folgendermaßen definiert: „historische Sachverhalte durch Wissen und Einsichten in einen Zusammenhang (Theorie, Modell, Regel, Gesetz, Funktionszusammenhang) einordnen und begründen“. Auch die (meist fachunspezifischen) Operatorenkataloge der einzelnen Bundesländer bieten ähnliche Formulierungen. Z. B. bedeutet „erklären“ in Niedersachsen „Sachverhalte so darstellen – gegebenenfalls mit Theorien und Modellen –, dass Bedingungen, Ursachen, Gesetzmäßigkeiten und/oder Funktionszusammenhänge verständlich werden“; in Baden-Württemberg ist der Operator definiert mit „Sachverhalte schlüssig aus Kenntnissen in einen Zusammenhang stellen (zum Beispiel Theorie, Modell, Gesetz, Regel, Funktions-, Entwicklungs- und/oder Kausalzusammenhang)“. Hier dominiert bei „erklären“ bis zu einem gewissen Grad noch die naturwissenschaftliche Denkform regelhafter und gesetzmäßiger Zusammenhänge.

Kaum bis gar nicht davon zu unterscheiden ist der Operator „erläutern“ – umgangssprachlich ohnehin ein Synonym für erklären. In den EPA heißt es dazu „wie erklären, aber durch zusätzliche Informationen und Beispiele verdeutlichen“, in Niedersachsen „Sachverhalte in ihren komplexen Beziehungen an Beispielen und/oder Theorien verdeutlichen (auf Grundlage von Kenntnissen bzw. Materialanalyse)“ und in Baden-Württemberg „Sachverhalte mit Beispielen und Belegen veranschaulichen“.

Die Operatoren, die als „handlungsinitiierende Verben [...] signalisieren, welche Tätigkeiten beim Lösen von Prüfungsaufgaben erwartet werden“ (EPA Geschichte 2005, 7), erfüllen ihren eigenen Anspruch nicht. Sie bieten den Lernenden also keine Transparenz im Hinblick auf die von ihnen erwarteten Leistungen bei der Bearbeitung der jeweiligen (Prüfungs-) Aufgabe. Vielmehr ist das Gegenteil der Fall. Es dominieren Synonymie und Verweise statt Trennschärfe; denn bei den in der EPA-Definition von „erklären" benutzten Verben „einordnen" und „begründen" handelt es sich um eigenständige Operatoren.

Arten von historischen Erklärungen

Arten von historischen Erklärungen

Die geschichtsdidaktische Theorie (Pandel 2017a, 116–127, Pandel 2017b, 407–412, Rüsen 1997, 164–169, Rüsen 2013, 161–166) hat mehrere Arten von Erklärungen herausgearbeitet (siehe Tabelle 1 unten): nomologisch (Erklärung durch universal gültige Gesetze), probabilistisch (Erklärung mit statistischer Wahrscheinlichkeit), intentional (Erklärung mit Absichten und Motiven der handelnden Personen), kausal (Auswahl und Gewichtung von Gründen und Motiven) und narrativ.

Einzig die narrative Erklärung ist laut Hans-Jürgen Pandel jedoch spezifisch für historisches Erklären. Im Gegensatz zu den anderen Arten, die nur Ereignisse oder Handlungen von Personen erklären können, gelinge der narrativen Erklärung die Erklärung von Prozessen – und zwar dadurch, dass eine Geschichte erzählt werde (Pandel 2017a, 121), wobei die narrative Erklärung auch die anderen Erklärungsarten integrieren kann (Pandel 2024, 299). Die Erzählung wird zu einer Erklärung, indem einzelne Aspekte nicht nur aufgezählt, sondern sinnvoll und sinnbildend in einen zeitlichen Zusammenhang von Ursache und Wirkung gestellt und miteinander verknüpft werden. Die Erklärung historischer Veränderungen und ihrer Zusammenhänge findet schrittweise statt. Einzelne Aspekte der Erzählung erklären jeweils (nur) einen Teil des Veränderungsprozesses. Der Philosoph und Geschichtstheoretiker Arthur C. Danto hat diese erklärende Kleinform (z. B. Warum ernannte Hindenburg Hitler zum Reichskanzler?) als „molekulare Erzählung" bezeichnet, um sie von umfassenden Narrationen (z. B. Warum scheiterte die Weimarer Republik?) zu unterscheiden. Diese großen Erzählungen wiederum bestehen aus zahlreichen kleinen „molekularen Erzählungen" (Danto 1974, 371–406).

Die Erzählung einer Veränderung stellt also eine historische Erklärung dar. Kriterien für die Qualität der narrativen Erklärung sind Triftigkeit, Plausibilität und Kohärenz (Pandel 2017b, 411).

Art der Erklärung	Definition	Beispiel
nomologisch	Erklärung durch universal gültige Gesetze	Historischer Materialismus/ Marxismus-Leninismus
probabilistisch	Erklärung mit statistischer Wahrscheinlichkeit	Wahlverhalten von katholischen Frauen, die auf dem Land leben, in der Weimarer Republik
intentional	Erklärung mit Absichten und Motiven der handelnden Personen	Ernennung Hitlers zum Reichskanzler durch Hindenburg
kausal	Auswahl und Gewichtung von Gründen und Motiven	Gründe für das Scheitern der Weimarer Republik
narrativ	Erzählung einer historischen Veränderung auf Basis von Quellen unter Berücksichtigung des historischen Kontextes und von Qualitätskriterien (Triftigkeit, Plausibilität und Kohärenz)	Warum gab es mit der BRD und der DDR zwei deutsche Staaten?

Tab. 1: Arten von historischen Erklärungen (nach Pandel 2017a, 116–127 und Rüsen 1997, 164–169)

Wie kann man narrativ und damit insbesondere historisch erklären?

Die narrative Erklärung

Folgende Vorgehensweise bietet sich dafür an: Am Anfang muss eine historische Frage von Lehrenden oder Lernenden formuliert werden, die beantwortet werden soll. Daran schließt sich die (angeleitete) Suche nach Quellen und Darstellungen an, mit denen sich die Frage beantworten lässt. Daraufhin folgt die eigene Rekonstruktion vergangenen Geschehens aus den Quellen und Darstellungen. Mit anderen Worten: Die Lernenden verfassen nun selbst einen Text. Darin beantworten sie die Ausgangsfrage. Auf diese Weise wird historische Veränderung narrativ erklärt. Beim Verfassen eines (schriftlichen oder mündlich vorgetragenen) Textes ist darauf zu achten, dass nicht lediglich Aspekte aufgezählt, sondern Argumente vorgebracht, erläutert, miteinander temporal, kausal und/oder konsekutiv in Beziehung gesetzt werden, so dass Ursachen, Motive und Folgen von Handlungen, Ereignissen oder Prozessen in ihrer Entwicklung und im jeweiligen historischen Kontext deutlich werden. Dabei handelt es sich um eine äußerst komplexe und anspruchsvolle Aufgabe.

Aufgrund verschiedener Perspektiven können die Lernenden bei der Beantwortung der Ausgangsfrage zu ganz unterschiedlichen Narrationen kommen. Das ist normal und zeichnet historische Erklärungen aus – auch Historikerinnen und Historiker kommen bisweilen zu ganz unterschiedlichen Deutungen der Vergangenheit. Wichtig ist vielmehr, die Erklärungen der Lernenden daraufhin zu überprüfen, ob sie tatsächlich die Ausgangsfrage beantworten. Qualitätskriterien dafür sind Triftigkeit, Plausibilität und Kohärenz. Dabei erfolgt zugleich eine Auseinandersetzung mit den Geltungsansprüchen (Reichweite, Bedingungen etc.) der einzelnen Erklärungen. Mögliche Leitfragen dafür sind folgende: Ist die Erklärung überzeugend, plausibel, kohärent, gehaltvoll und zufriedenstellend oder ist sie fehler- und lückenhaft, unvollständig, unverständlich, widersprüchlich oder gar banal? Bleiben Fragen offen oder ergeben sich im Anschluss an die Erklärung womöglich weitere bzw. weiterführende Fragen?

3. Definition und Arten von Erklärfilmen und Erklärvideos – Annäherung an das Medium

Unterscheidung zwischen Erklärvideo und Erklärfilm

Da es viele Genres von Videos bzw. Filmen gibt, ist es zunächst notwendig und sinnvoll, einige terminologische Präzisierungen vorzunehmen. Auch im bildungswissenschaftlichen und öffentlichen Diskurs überschneiden sich nämlich einige etablierte Begriffe wie z. B. Lernvideo, Lehrvideo und Erklärvideo. Zur Verwendung des Suffixes *-film* oder *-video* ist das Ausmaß an Professionalität das entscheidende Kriterium und nicht die Dauer, so der Aachener Psychologe und Hochschuldidaktiker Malte Persike (vgl. Persike 2020, 280). Eigenproduktionen gelten als Videos, bei professionellen Produktionen handelt es sich um Filme (vgl. Wolf 2015c, 122–125 und Dorgerloh/Wolf 2020, 17–18). Diese Einteilung hält sich bislang in der Medienpädagogik und -didaktik. Abhängig vom Professionalitätsgrad kann man also sowohl von Erklärvideos als auch von Erklärfilmen sprechen.

Es gibt mehrere Möglichkeiten zur Klassifizierung von Erklärvideos und -filmen. Zwei von ihnen werden im Folgenden vorgestellt: zum einen eine Einteilung nach Stilen bzw. Genres (vgl. Film+Schule NRW 2016, 5-7 und Willershausen 2019, 52), zum anderen eine wissenschaftlichere Klassifizierung nach Ausmaß von Narration und Didaktisierung.

Klassifizierung nach Stilen bzw. Genres

Explainity-Clip

Ein oft gewähltes Format für Erklärvideos ist der so genannte *Explainity-Clip*. Er erläutert einen Sachverhalt mithilfe von Computeranimationen oder manuell per Legetechnik-Verfahren erzeugten Einzelbildern wie z. B. die Ursachen der

Französischen Revolution. Mit dem Bild korrespondierend wird die Erläuterung aus dem Off gesprochen, gelegentlich finden sich dabei auch Soundeffekte. Explainity-Clips eignen sich zur Erklärung von Konzepten, Strukturen sowie politischen oder gesellschaftlichen Veränderungen. Oftmals ist die Erklärung in eine (fiktive) Rahmenhandlung eingebettet (Storytelling), deren Zweck es ist, Anschaulichkeit, Interesse, persönliche Betroffenheit oder Spannung beim Publikum hervorzurufen.

How-To-Video oder Video-Tutorial

Bei der zweiten Möglichkeit handelt es sich um so genannte *How-To-Videos oder Video-Tutorials.* Sie zeigen und erklären hauptsächlich Tätigkeiten. Bei ihnen handelt es sich in aller Regel also um die Aufnahme performativer Handlungen. Oftmals beziehen sich solche How-To-Videos oder Video-Tutorials auf den Bereich der Experimentalarchäologie und behandeln Fragen wie z. B. „Wie mache ich Feuer?", „Wie nähe ich einen Gugel?" oder „Wie baue ich einen Langbogen?". Daher verzichtet dieses Format meistens auf Elemente des Storytelling zu Gunsten einer möglichst exakten Beschreibung der Handlung bzw. des Vorgangs. Die Sprechperson ist wiederum meist nur aus dem Off zu hören und nicht selbst sichtbar; andere Personen, die die Handlung vollziehen, sind dagegen sichtbar.

Vlogging-Video

Die dritte Option sind so genannte *Vlogging-Videos.* Hier spricht ein Vlogger (Moderator oder Moderatorin) direkt in die Kamera und erläutert dem Publikum ein Thema. Prominentes Beispiel hierfür ist der YouTuber Mirko Drotschmann, besser bekannt als MrWissen2go. Obwohl bei Videos dieser Machart oftmals die Persönlichkeit bzw. Meinung und Haltung des Vloggers im Vordergrund steht, wollen sie dennoch Wissen vermitteln und können als Erklärvideos betrachtet werden, weil sie „speziell für die Verwendung in Bildungskontexten angefertigt werden und an methodischen und psychologischen Regeln der Vermittlungstätigkeit orientiert sind" (Wehen 2017, 240). Bemerkbar macht sich diese Didaktisierung am „faktenorientierten Referentenvortrag mit wenigen Exkursen [...] [sowie] Einblendungen von Bildquellen oder Grafiken" (Willershausen 2019, 52).

„Histotainment"-Clip

Eine weitere Möglichkeit stellen so genannte *„Histotainment"-Clips* dar. Sie bieten „Porträts historischer Persönlichkeiten als Musikvideo" oder die „Erklärung historischer Strukturen als Sketch". Wesentliche Gestaltungsmittel sind Ironisierung und Übertreibung, z. B. durch Anachronismen oder Anspielungen auf Elemente der gegenwärtigen Populärkultur (Willershausen 2019, 52, Zitate ebd.).

Wie zu Beginn dieses Kapitels erwähnt, sind die einzelnen (Mach-)Arten und Genres nicht immer trennscharf voneinander abgrenzbar. Für die schulische Nutzung am geeignetsten dürften daher die „Explainity-Clips" sein, da sie am deutlichsten die Definition und Absicht von Erklärvideos erfüllen. Video-Tutorials hingegen dürften nur sehr selten vorkommen, da es sich bei Geschichte ja zumeist um komplexe und abstrakte Denkoperationen handelt, die schlecht beobachtbar sind und sich daher auch kaum entsprechend konkret beschreiben lassen. Vlogging-Videos eignen sich zur Dekonstruktion und Stellungnahme ebenso wie zur Inspiration für ein eigenes Video in diesem Stil. Die Konfrontation mit „Histotainment"-Clips wiederum kann sich durchaus als sinnvoll erweisen; sie können als geschichtskulturelle Produkte im Hinblick auf Gesamtaussage und Geschichtsbild nämlich analysiert und beurteilt werden, sofern bei den Rezipientinnen und Rezipienten entsprechendes Vorwissen vorhanden ist (vgl. Willershausen 2019, 52).

Bezeichnung	Merkmale
Explainity-Clip	Erklärung von historischen Sachverhalten, z. B. Konzepten, Strukturen sowie politischen oder gesellschaftlichen Veränderungen
How-To-Videos oder Video-Tutorials	Demonstration einer historischen Fertigkeit oder Fähigkeit im Sinne einer vollständigen Handlung zum Nachmachen durch das Publikum
Vlogging-Videos	digitaler Vortrag zwecks faktenorientierter Wissensvermittlung
„Histotainment"-Clip	humoristische Form der Geschichtsdarstellung

Tab. 2: Mögliche Stile bzw. Genres von Erklärvideos (nach Film +Schule NRW 2016, 5–7 und Willershausen 2019, 52–53)

Klassifizierung nach dem Ausmaß von Narration und Didaktisierung

Das folgende Schaubild (Abb. 1) ermöglicht eine Einordnung verschiedener Typen von Videos und Filmen. Maßgebliche Definitionsachsen des Koordinatensystems sind zum einen das Ausmaß an Handlung und Narration, zum anderen der Grad an Didaktisierung des jeweiligen Formats.

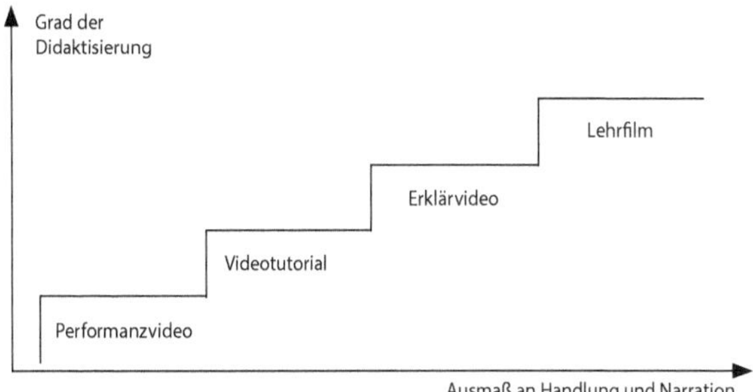

Abb. 1: Systematisierung verschiedener Videotypen (vereinfachte Darstellung nach Wolf 2015c, 123)

Unter *Erklärvideos* versteht man laut dem Bremer Medienpädagogen Karsten D. Wolf „eigenproduzierte Videos, in denen erläutert wird, wie man etwas macht oder wie etwas funktioniert bzw. in denen abstrakte Sachverhalte, Konzepte und Methoden erklärt werden" (Wolf 2015c, 123). Der Grad an Didaktisierung sowie das Ausmaß an Handlung und Narration seien dabei recht ausgeprägt. Charakteristika von Erklärvideos sind Wolf zufolge des Weiteren thematische Vielfalt, gestalterische Vielfalt, ein informeller Kommunikationsstil sowie die Diversität der Autorenschaft (vgl. Wolf 2015b, 36). Erklärvideos stellten quasi eine „audiovisuelle Enzyklopädie" (Wolf 2015a, 32) dar. Außerdem zeichneten sich Erklärvideos durch Kürze, Orientierung an gesprochener Sprache, Verwendung nicht-wissenschaftlicher Erklärmuster, Aufforderung zum Transfer bzw. zur Anwendung des Gelernten sowie durch Elemente von Storytelling aus (Arnold/Zech 2019, 9 f.). Unter Storytelling versteht man Wissensvermittlung durch das Erzählen von Geschichten. Das historische Wissen

Erklärvideo

erfährt durch diese besondere (Erzähl-)Form eine höhere Aufmerksamkeit und bleibt so länger im Gedächtnis der Rezipientinnen und Rezipienten (vgl. Kerber 2017, 182–184).

Ihre gestalterische Bandbreite ist groß, die Formate reichen von einem hohen Maß an Sachorientierung bis hin zu Unterhaltung. Die Produktion sachorientierter Erklärvideos gilt dabei als weniger aufwändig im Hinblick auf Konzeption und Produktion(-skosten), da anders als in unterhaltenden Erklärvideos explizit auf nachgestellte Schauspielszenen verzichtet wird. Gleichwohl bieten solche sachorientierten Erklärvideos bisweilen Rahmenhandlungen zur Kontextualisierung eines Themas, als Transfer oder zur Steigerung seiner Anschaulichkeit, womit notwendigerweise ein gewisses Maß an schauspielerischem Talent der Beteiligten einhergeht (vgl. Wolf 2015c, 124).

Gleichwohl nutzt die Eigenproduktion von Erklärvideos überwiegend eine Sachebene. Aber sowohl in Sendungen des Kinder- und Jugendfernsehens als auch in populärwissenschaftlichen Fernsehsendungen lässt sich gegenwärtig allerdings ein Trend „zur Gestaltung aufwändiger, mit Spielhandlungen ergänzter und deutlich unterhaltender Erklärformate“ (Wolf 2015c, 124) feststellen. Hauptsächlich dies unterscheidet aktuelle Produktionen von älteren, die sich mehr der Sachlichkeit als der Unterhaltung verpflichtet fühlten und dementsprechend einen eher dokumentarischen Erklärstil aufwiesen.

Video-Tutorial oder How-To-Video

Davon zu unterscheiden sind „Videos, in denen eine Fertigkeit oder Fähigkeit im Sinne einer vollständigen Handlung explizit zum Nachmachen durch die Zuschauer vorgemacht wird“ (Wolf 2015c, 123). Wolf bezeichnet sie als *Video-Tutorials*, ebenfalls dafür etabliert ist auch der Begriff *How-to-Video* (vgl. Film+Schule NRW 2016, 6). Ihr Grad an Didaktisierung sowie das Ausmaß an Handlung und Narration seien im Vergleich zu Erklärvideos geringer ausgeprägt. Sie thematisierten nämlich ganz konkrete Tätigkeiten aus einer Vielzahl an Lebensbereichen wie z. B. Handwerk oder Technik und böten damit eher konkretes Lernen am Modell. Daher seien Video-Tutorials als Subgattung von Erklärvideos anzusehen; sie beschränkten sich nämlich auf die Vorführung visuell darstellbarer, meist imitierbarer manueller Handlungen, wohingegen Erklärvideos abstrakte Konzepte, Prinzipien, Methoden oder Sachverhalte erläuterten, deren Realisierung nicht ohne Weiteres sichtbar sei.

Performanzvideo

Als *Performanzvideos* bezeichnet man dagegen „Videos, in denen eine beobachtbare Fertigkeit im Sinne einer Dokumentation oder einer Selbstdarstellung ohne weitere didaktische Aufarbeitung gezeigt wird (z. B. ein Skateboardtrick oder eine Maltechnik)" (Wolf 2015c, 123).

Performanzvideos sind laut Wolf keine Erklärvideos, sondern dokumentierten lediglich gelingende Handlungen. Sie böten nämlich meist weder eine Narration noch eine Handlung an, die darauf abziele, ein komplexes Thema zu erklären. Es sei zwar durchaus möglich, aus derartigen Videos durch Beobachtung und Nachahmung etwas zu lernen, allerdings seien sie ohne didaktische Absicht gestaltet.

Der Grad an Didaktisierung sorgt also für eine Klassifizierung als Performanzvideo, Video-Tutorial oder Erklärvideo. Die Definitionsgrenzen festzulegen ist allerdings nicht ganz einfach. Zum Teil sind die Übergänge fließend, denn „bereits einfache mediengestalterische Entscheidungen [wie z. B. die Nutzung mehrerer Kameraperspektiven oder mündliche Erklärungen] bei der Gestaltung von Performanzvideos können zu einer ersten Form von ‚Proto-Didaktik' führen" (Wolf 2015c, 124) und ein Performanzvideo zu einem Video-Tutorial werden lassen.

Lehrfilm

Nehmen didaktische Planung und mediengestalterische Professionalität noch weiter zu, spricht man von *Lehrfilmen*. Bei ihnen handelt es sich um „professionell produzierte Filme, die durch eine explizite didaktische und mediale Gestaltung Lern-Prozesse initiieren oder unterstützen sollen" (Wolf 2015c, 122). Bis heute bekannt sind wohl die „klassischen" Lehrfilme des Instituts für Film und Bild in Wissenschaft und Unterricht (FWU). Mittlerweile gibt es aber auch „modernere", für Fernsehen oder Internet produzierte Formate, deren Ansprache und Gestaltung meist ebenfalls informeller und weniger bildungssprachlich ist.

Die hier erläuterten Charakteristika von Erklärvideos und Erklärfilmen dürften ein wesentlicher Grund für ihre Beliebtheit und ihr didaktisches Potential sein.

Bezeichnung	Merkmale
Erklärvideo	• Produktion durch Laien • Erklärung abstrakter Sachverhalte, Konzepte und Methoden • hoher Grad an Didaktisierung • hohes Ausmaß an Handlung und Narration • thematische Vielfalt • große gestalterische Bandbreite und Vielfalt • informeller Kommunikationsstil • Diversität der Autorenschaft • Kürze • Orientierung an gesprochener Sprache • Verwendung nicht-wissenschaftlicher Erklärmuster • Aufforderung zum Transfer bzw. zur Anwendung des Gelernten • Elemente von Storytelling • kognitives Lernen
Video-Tutorial/ How-to-Video	• Produktion durch Laien • Demonstration einer Fertigkeit oder Fähigkeit im Sinne einer vollständigen Handlung zum Nachmachen durch das Publikum • geringerer Grad an Didaktisierung sowie geringeres Ausmaß an Handlung und Narration im Vergleich zu Erklärvideos • niedrigeres Ausmaß an Handlung und vor allem Storytelling • Thematisierung konkreter Tätigkeiten aus einer Vielzahl an Lebensbereichen (wie z. B. Handwerk oder Technik) • Lernen am Modell
Performanzvideo	• Produktion durch Laien • Dokumentation oder Darstellung einer beobachtbaren Fertigkeit oder Tätigkeit ohne didaktische Aufarbeitung • weder Handlung noch Narration zur Erläuterung der Fertigkeit oder Tätigkeit • Lernen durch Beobachtung und Nachahmung
Lehrfilm	• professionelle Produktion und didaktische Planung, gezielte Initiierung von Lernprozessen

Tab. 3: Arten von Erklärfilmen und -videos sowie ihre jeweiligen Merkmale (nach Wolf 2015c)

Nach diesen grundlegenden Ausführungen zum Operator Erklären und dem Format Video lässt sich nun folgende Begriffsbestimmung formulieren: Als Erklärvideo bzw. -film bezeichnet man „ein Format der massenmedialen Wissens- oder Wissenschaftskommunikation, das auf Videoplattformen bzw. in Videokanälen als informelles digitales Bildungsangebot präsentiert und kostenpflichtig oder kostenlos zur Verfügung gestellt wird" (Popp 2023, 41 f.). Diese digitalen Kurzvorträge ähneln klassischen Lehrervorträgen, wie man sie aus dem schulischen Geschichtsunterricht kennt (vgl. Memminger 2024). Eine Sprechperson, die entweder im Bild sichtbar ist oder aus dem Off spricht, erklärt innerhalb weniger Minuten einen historischen Sachverhalt, ein Thema oder eine Methode, wobei sie „in unterschiedlichen Graden, Formen und Funktionen multimodal von Text-, Ton- und Bild-Elementen unterstützt wird, darunter auch gezeichnete Inhalte, Real-Bilder oder Videosequenzen sowie auch 3D-Elemente" (Popp 2023, 42). Die Urheberschaft am gesprochenen Text ist freilich meist nicht erkennbar, das Publikum ordnet sie in der Regel jedoch der Sprechperson zu (vgl. Popp 2023, 42; siehe dazu auch Tabelle 4).

Definition

Trotz der Bemühungen, einen Sachverhalt möglichst anschaulich zu vermitteln, bleibt die Kommunikation jedoch einseitig. Interaktion in Form von direkten Nachfragen ist ebenso wenig möglich wie die Anpassung des Vortrags an die Reaktion des Publikums. Nachträglich besteht allenfalls die Möglichkeit, das Video zu liken (oder zu disliken) und ggf. einen Kommentar zu hinterlassen, der – wiederum mit Zeitverzögerung und in Abhängigkeit von den Kapazitäten des Kanalbetreibers – evtl. beantwortet wird (vgl. Popp 2023, 42).

Gleichwohl verfügt dieses mediale Format über ein großes didaktisches Potential, das im folgenden Kapitel thematisiert wird.

4. Didaktisches Potential von Erklärfilmen und Erklärvideos

Audiovisuelle Plattformen als Teil der Lebenswirklichkeit von Kindern und Jugendlichen

Audiovisuelle Plattformen wie z. B. YouTube sind ebenso wie Spielfilme, TV-Serien oder TikTok-Videos ein Teil der Lebenswirklichkeit von Kindern und Jugendlichen. Heranwachsende konsultieren derartige Plattformen häufig in ihrem Alltag. Die *Jugend, Information, Medien*-Studie liefert für das Jahr 2019 folgende Daten zur Mediennutzung Jugendlicher (zwischen 12 und 19 Jahren). Im Hinblick auf die alltägliche Nutzung hatten im Jahr 2019 die folgenden Medien den größten Stellenwert bei Jugendlichen: die Smartphone- (92 %), Internet- (89 %) und Musiknutzung (77 %). 56 % sahen täglich Online-Videos, 28 % mehrmals die Woche (mindestens drei Mal). Geschlechtsspezifische Unterschiede spielen in den Zahlen kaum eine Rolle, die Abweichungen liegen hier nur in einem niedrigen einstelligen Prozentbereich. Internet, Smartphone und Musik werden laut dieser Studie von Mädchen und Jungen also gleichermaßen häufig genutzt (Medienpädagogischer Forschungsverbund Südwest (MPFS) 2019, 12 f.).

Informationssuche und Lernen im Internet

Der mehr oder weniger bewussten und zielgerichteten Suche nach Informationen im Internet widmen die Jugendlichen jede zehnte Minute ihrer Onlinenutzung – unabhängig von Geschlecht, Alter oder Bildung. Das sind pro Tag immerhin 20 Minuten (bei einer durchschnittlichen Online-Zeit von 205 Minuten). 87 % nutzen Google zur Recherche, gut die Hälfte der Jugendlichen nutzt YouTube dazu, um sich über bestimmte Themen zu informieren. Und wie im Vorjahr liegen Online-Enzyklopädien wie z. B. Wikipedia auf dem dritten Rang und sind für ein Drittel der Jugendlichen Anlaufstation bei der Informationssuche. 18 % der Befragten nutzen im Jahr 2019 Erklärvideos für Themen aus

Schule und Ausbildung, 20 % schauen auch sonstige Tutorials (MPFS 2019, 39). Immerhin 8 % der Jugendlichen erstellen selbst täglich bzw. mehrmals pro Woche Videos für Plattformen im Internet (MPFS 2018, 49). Ein Prozent lädt diese selbst erstellten Videos regelmäßig auf YouTube hoch (MPFS 2019, 39).

Die Plattform YouTube zeichnet sich besonders als Ort für die Nutzung von Erklärvideos aus, weil dort Individuen selbstbestimmt und selbstorganisiert für sie interessante Fragen und Themen recherchieren bzw. verfolgen können. Das Lernen erfolgt also aus eigenem Antrieb und interessenbasiert. Nicht die unerschöpfliche Anzahl an Videos ist Ausgangspunkt für das Lernen, sondern die Beantwortung einer subjektiv bedeutsamen Frage. Die Nutzerinnen und Nutzer entscheiden selbst, welche Videos sie aus der Fülle des Angebots auswählen (vgl. Wolf 2015b, 36 f.).

Über 60 % der Jugendlichen nutzen YouTube aber nicht nur als Freizeitmedium, sondern auch zur Vorbereitung von Klausuren, Präsentationen oder Referaten (Wolf 2015a, 33).

Entwicklung des Medienkonsumverhaltens während und nach Corona

Angesichts der Corona-Pandemie beziehen wir uns hier absichtlich auf die Zahlen von 2019, da die Zahlen für die Jahre 2020 und 2021 angesichts von Lockdown und Schulschließungen erhebliche „Ausreißerwerte“ zur Mediennutzung Jugendlicher darstellen. Ein erster Überblick lässt vermuten, dass didaktisierte Filme seitdem erheblich an Zuspruch gewonnen haben. So kommt die Sonderbefragung „JIMplus Corona“ zu folgenden Ergebnissen für die erste Phase des Homeschoolings im Frühjahr 2020: „Beim Lernen generell unterstützten die Schülerinnen und Schüler sich meist gegenseitig via Chat (50 %), 45 % nutzten Tutorials im Internet […]. Als mediale Lernangebote wurde vorwiegend YouTube (83 %) genutzt, gefolgt von Wikipedia (58 %), Dokus und Wissenssendungen im Fernsehen (27 %) sowie explizite Schulsendungen im Fernsehen oder Internet (21 %).“ (MPFS 2020c, Pressemitteilung, 1)

Für 2022 kommt die Studie zu folgenden Ergebnissen (MPFS 2022, 26 und 37): Die Zeit der Mediennutzung liegt mit 204 Minuten pro Tag wieder auf einem mit vor der

Pandemie vergleichbaren Niveau. Die Nutzung des Video-Portals YouTube hat sich aber verstetigt und beträgt durchschnittlich 82 Minuten – pro Tag!

Bis dato dienten Erklärvideos also eher der informellen Bildung, wurden als Privatvergnügen betrachtet und daher in der Freizeit konsumiert und konsultiert. Das enorme Potential von Erklärvideos als Lernressource sollte jedoch angesichts ihres Bedeutungszuwachses in der Pandemie auch für formale Bildungsprozesse im schulischen Geschichtsunterricht bzw. in der Hochschullehre in „normalen“ Zeiten genutzt werden; Erklärvideos können durchaus zu einem prominenten Element fachdidaktischer Bildung werden.

Argumente für Erklärvideos aus Perspektive von Lehrkräften

Gerade schon genannt wurden aus Schülersicht die Argumente Lebensweltbezug, Anschaulichkeit, Verfügbarkeit, Selbstbestimmung und Autonomie sowie Motivation und Interesse. Aus Lehrersicht lassen sich noch folgende Aspekte ergänzen: Erklärvideos sind im Unterricht flexibel einsetzbar. Sie eignen sich sowohl für den Unterrichtseinstieg als auch für Erarbeitungsphasen sowie für Ergebnissicherung oder Vertiefung (vgl. Wolf 2015c, 129).

Als ein weiterer Vorteil gilt in der medienpädagogischen Literatur die Vielfalt der Autorenschaft und der Videos statt einer einzigen lexikalischen Definition. Diese „pluralisierte Erklärkultur“ (Wolf 2015a, 33) ermöglicht es den Rezipientinnen und Rezipienten, aus der Fülle thematisch gleicher Videos ein für sie individuell passendes Video auszuwählen. Jugendliche selektieren die Videos oftmals innerhalb weniger Sekunden: „Intuitiv wird durch die Sprache, das Aussehen und die Gestaltung der ersten Sekunden eines YouTube-Films auf die Passung zum eigenen Vorwissen und zu Erklärpräferenzen geschlossen – und gegebenenfalls zum nächsten Video weitergeklickt“ (Wolf 20015b, 38).

Anders als bei klassischen Erklärungen, wo zwei (oder mehr) Menschen in direkter Kommunikation miteinander stehen und der oder die Erklärende das Vorwissen der Adressaten berücksichtigen und auf diese Weise eine adressatengerechte Erklärung formulieren kann, wählen Nutzerinnen und Nutzer von Videoportalen selbst das für sie passende Video aus.

Gerade die Heterogenität in Bildungshintergrund, Habitus, Milieu, Vorwissen, Sprache und anderen für die Gestaltung relevanten Eigenschaften der YouTube-Erklärenden bringt eine audiovisuelle Vielfalt hervor, in der sich die Rezipientinnen und Rezipienten passende Erklärende selbst aussuchen können. In Anbetracht der Heterogenität und der immer weiter zunehmenden Differenzierung und Individualisierung in Gesellschaft und Schülerschaft ermöglicht erst die auf den ersten Blick überflüssig wirkende Parallelproduktion von Erklärvideos die Voraussetzungen für Differenzierung und Individualisierung und damit die Passung sowie einen adressatengerechten Zugang zu diesem Format (vgl. Wolf 2015b, 38).

Bei der Selbstselektion von Erklärvideos durch die Lernenden besteht jedoch die Gefahr einer Verstehensillusion (vgl. Fey 2021, 27 und Matthes/Siegel/Heiland 2021, 8). Daher sollten Lehrkräfte zunächst mit Schülerinnen und Schülern thematisieren, anhand welcher Indikatoren man Qualität und Güte von Erklärvideos bzw. die Vertrauenswürdigkeit von Kanalbetreibern erkennen kann. Die Beantwortung dieser Fragen entspricht gewissermaßen einer äußeren Quellenkritik.

Einsatz im Rahmen von inverted classroom- bzw. flipped classroom-Konzepten

Ferner besteht natürlich auch die Möglichkeit, dass Lehrende selbst Erklärvideos für ihre Lerngruppen zur Wiederholung oder Vertiefung produzieren können, insbesondere im Rahmen von *inverted classroom-* bzw. *flipped classroom-*Konzepten (vgl. Schins 2017, 327–336). Die Produktion schülereigener Videos scheint allerdings für den Kompetenzerwerb insgesamt wirksamer zu sein als die bloße Rezeption und Analyse bereits vorhandener Videos (vgl. Buether 2018, 128). Außerdem können Lehrkräfte Erklärvideos als Diagnoseinstrument verwenden und evaluieren, inwiefern die Lernenden ein Thema durchdrungen haben. Daneben sind Erklärvideos auch als alternative Form der Leistungsüberprüfung denkbar.

Aspekt	Mögliche Fragen
1. Kanalleistung	Wie oft wird der Kanal aufgerufen? Wie viele Abonnenten hat der Kanal? Wie viele Videos gibt es? Wie oft wurde das betreffende Video aufgerufen? Wie viele Kommentare hat das betroffene Video? Wie häufig werden neue Videos hochgeladen?
2. Angebotsstruktur und didaktische Aufbereitung	Wer ist die Zielgruppe der Videos? Gibt es Bezüge zur Lebenswelt der Zielgruppe? Welches Genre von Videos bietet der Kanal hauptsächlich? Wie lange dauern die Videos im Durchschnitt? Gibt es Informationen zur Anwendung des Videos in Lernsituationen? Werden Verweise bzw. Links zur Vertiefung von Inhalten angeboten? Gibt es Interaktionsmöglichkeiten und, wenn ja, wie sehen diese aus? Enthalten die Videos Quellenangaben? Wird eine adäquate Sprache verwendet?
3. Kanalverantwortliche	Werden die Verantwortlichen des Kanals transparent benannt? Ist erkennbar, ob es sich dabei z. B. um eine Privatperson, ein gewinnorientiertes Unternehmen oder eine öffentlich-rechtliche Institution handelt?
4. Wirtschaftsmodell	Gibt es auf dem Kanal kostenpflichtige (Zusatz-) Angebote? Wenn ja, welche? Wird auf dem Kanal kommerzielle Werbung platziert? Wenn ja, welche? Sind Kooperationspartner des Kanalbetreibers erkennbar? Werden soziale Netzwerke in den Kanal eingebunden?
5. Qualitätsprüfung	Erläutern die Kanalverantwortlichen, wie sie die inhaltliche Qualität ihrer Videos sicherstellen? Werden die fachlichen und beruflichen Qualifikationen des Kanalbetreibers genannt? Wird deutlich, wer das Skript verfasst hat und Autor bzw. Urheber des gesprochenen Textes ist? Wie sind die Videos durchschnittlich bewertet? Wie ist die technische Qualität der Videos?

Tab. 4: Checkliste zur Ermittlung der Qualität bzw. Güte von Erklärvideos (nach Siegel/Streitberger/Heiland 2021)

In der Literatur wird vor dem unreflektierten Einsatz von Erklärvideos im Unterricht gewarnt, stattdessen wird eine „didaktische Einbettung“ (Matthes/Siegel/Heiland 2021, 8) angemahnt. Unseres Erachtens bestehen folgende drei fachdidaktische Möglichkeiten im Umgang mit Erklärvideos:

Fachdidaktische Möglichkeiten im Umgang mit Erklärvideos und -filmen

I. Analyse von Erklärvideos als Gegenstand des fachlichen Lernens und der fachdidaktischen Analyse

Erstens ist die Rezeption und reflektierende Analyse von vorhandenen Erklärvideos eine mögliche Nutzung in der Lehre, um sich via audiovisueller Instruktion einerseits Inhalte anzueignen und andererseits die Machart solcher Videos analytisch zu dekonstruieren. Hier gibt es durchaus Parallelen zu traditionellen Formaten wie Lernfilmen oder Dokumentationen.

Hierbei handelt es sich um eine basale Ebene der Wissensvermittlung, so wie Lernende selbst eben auch diese Videos schon oft in ihrer Freizeit nutzen – freilich ohne die anschließende Reflexion ihrer Machart. Darin liegt dann auch ein Mehrwert der unterrichtlichen Behandlung. Denn erst dadurch werden Erklärvideos als Darstellungen erkennbar, deren Konstruktcharakter ebenso analysiert werden kann wie die Einhaltung wissenschaftlicher Standards, die auch für andere Darstellungsarten gelten (vgl. Popp 2021, 170–172).

Didaktisch deutlich elaborierter sind die beiden folgenden Ansätze. Sie sind auf einer Meta-Ebene angesiedelt.

II. Produktion von Erklärvideos als Lehr-Lern-Strategie zur Förderung fachlichen Lernens (Fokus auf Inhalt)

Zweitens eignen sich Erklärvideos auch als Lehr-Lern-Strategie zur Förderung fachlichen Lernens im Unterricht. Unter Anleitung von Lehrkräften können Schülerinnen und Schüler durchaus auch selbst Videos produzieren und auf diese Weise zugleich ihren Lernprozess sowohl gestalten als auch reflektieren. Die eigene Erstellung von Erklärvideos im Sinne eines Lernens durch Lehren ist nämlich förderlich für die tiefere Durchdringung der zu erklärenden Inhalte, da man zunächst dasjenige, was man erklären soll, selbst verstehen muss. Über diese Selbstlernunterstützung hinaus entwickeln die Lernenden ein positives Fähigkeitsselbstkonzept, indem sie ihr Wissen und Können anderen präsentieren. Neben tradierten Erklär- und Lehrmustern entsteht in den selbst produzierten Erklärvideos Raum für experimentelle Gestaltung sowie didaktische und gestalterische Innovationen.

III. Produktion von Erklärvideos als Methode zur Medienbildung sowie zur Förderung fachlicher Medien- und Methodenkompetenz (Fokus auf Methodik und Medienbildung)

Zu Medienbildung und Medienkompetenz tragen Erklärvideos ebenfalls bei (vgl. Buether 2018, 128). Sie fungieren quasi als Bindeglied zwischen Medienbildung und Fachdidaktik (Wolf 2015c, 126). Dabei verbinden sie sowohl allgemeindidaktische Aspekte der *„digital literacy"* mit fachspezifischen Medien- und Methodenkompetenzen wie z. B. der Wahrnehmung von Perspektivität, der Anwendung von Fachsprache, dem kompetenten Umgang mit Quellen und Darstellungen oder der De- bzw. Rekonstruktion historischer Narrationen (vgl. Barsch 2024).

Fachdidaktische Möglichkeiten im Umgang mit Erklärvideos und -filmen

Bei der zweiten und dritten Vorgehensweise wird zudem die narrative Kompetenz der Lernenden gefördert, indem sie eingangs im Video eine historische Frage aufwerfen, diese im Laufe des Videos bearbeiten und schließlich beantworten. Der Begriff der narrativen Kompetenz fasst dabei die fachspezifischen Merkmale historischer Bildung zusammen. Er verweist insofern sowohl auf den Erkenntnisprozess selbst als auch auf dessen Produkte. Die Fähigkeit zur historischen (Re-)Konstruktion korrespondiert mit der Fähigkeit zur Dekonstruktion historischer Narrationen. Insofern besteht narrative Kompetenz im Wesentlichen darin, in einem kriterien- und methodengeleiteten Erkenntnisprozess historisches Wissen zu ermitteln, es sinnbildend zu verknüpfen, mit Bedeutungszuweisungen zu versehen und schließlich in irgendeiner Form zu artikulieren. Das Ziel dieses Prozesses besteht in einer historisch fundierten Orientierung in der Gegenwart.

Anregung metakognitiver Prozesse bei der Videoproduktion

Des Weiteren werden bei der Videoproduktion besonders meta-kognitive Prozesse angeregt und entsprechende Lernstrategien geschult, die durch die Spezifika des Mediums determiniert sind (vgl. Wolf 2015a, 34). Ein Aspekt betrifft die Planung. Die Produktion von Erklärvideos muss mithilfe eines Storyboards geplant und strukturiert werden. Ein solches Vorgehen entspricht im Prinzip einer didaktischen Analyse, da die Produzenten sich Rechenschaft ablegen müssen über Vorwissen, Relevanz von Inhalten, gestalterische Umsetzung, mögliche Verständnisschwierigkeiten, „Storytelling" etc. Zweitens ist die Wiederholbarkeit der Aufnahme von Bedeutung: Bereits während der Produktion werden sowohl die Performanz als auch die Verständlichkeit der Darstellung fortwährend anhand eigener Erwartungen und Qualitätskriterien geprüft; ggf. wird die Aufnahme abgebrochen und von vorn angefangen. Hinzu kommt drittens die Nachbearbeitung. Nach der Aufnahme muss das Video in den allermeisten Fällen noch nachbearbeitet werden. Das Video muss z. B. geschnitten, es müssen ggf. Tonspuren eingefügt oder Visualisierungen ergänzt werden. Diese Arbeitsschritte wiederum fördern „eine vertiefte Auseinandersetzung mit den Inhalten des Videos sowie der eigenen (Erklär-)Performanz" (Wolf 2015a, 34). Der vierte Aspekt bezieht sich auf die Permanenz des Produktes. Anders als bei „klassischen" Erklärungen, Vorträgen und Präsentation ist das (verbale) Produkt nicht ephemer, sondern kann erneut rezipiert werden.

Die gerade genannten Aspekte finden sich übrigens auch in der KMK-Strategie „Bildung in der digitalen Welt" wieder (Sekretariat der Kultusministerkonferenz, 2016). Sie entsprechen den im dortigen Medienkompetenzrahmen aufgeführten Kompetenzbereichen. Die Bundesländer selbst haben diese Vorgaben der KMK übrigens in eigene Medienbildungspläne bzw. Medienkompetenzrahmen überführt, so dass die Arbeit mit Erklärvideos und -filmen im Geschichtsunterricht einen Beitrag zur fachspezifischen Medienbildung leistet.

Erklärvideos stellen also „eine relativ neue, niedrigschwellige Bildungsressource mit einer sehr hohen Vielfalt in Gestaltung, Thematik und Autorenschaft dar, die sich erst durch die Gründung partizipationsorientierter Videoportale, vor allem YouTube, etablieren konnte" (Wolf 2015a, 35). Zusammenfassend lässt sich also festhalten, dass sie sich vielfältig im Unterricht einsetzen lassen, da es sich bei ihnen um eine mehrdimensionale Lernstrategie handelt.

Vorteile bei Unterrichtseinsatz

Vorteile finden Sie dabei sowohl für Rezipienten als auch Produzenten: „Aus der Sicht der Rezipientinnen und Rezipienten tragen neben der hohen Verfügbarkeit von Erklärvideos zu nahezu allen Themen die mögliche (aber selbst herzustellende) Anpassung an die eigenen Vorkenntnisse und Erklärstilpräferenzen sowie die hohe Anschaulichkeit videobasierter Erklärungen zur hohen Attraktivität des Mediums bei. Aus der Sicht der Produzierenden sind Erklärvideos ein einfach zugängliches Erklärmedium. Trotz des mit Video verbundenen Produktionsaufwandes ermöglicht das Format aufgrund seines oftmals informellen Erklärstils, leichter auf eigene Erfahrungen des alltäglichen Erklärens zurückzugreifen als verschriftlichte Lehr- und Erklärtexte, die ungleich aufwendiger in der Produktion erscheinen.“ (Wolf 2015a, 35)

Angesichts der gegenwärtigen technischen Möglichkeiten ist eine solche klare Rollenverteilung zwischen Rezipientinnen und Rezipienten auf der einen Seite und Produzentinnen und Produzenten auf der anderen Seite aber nicht mehr möglich. Die Mechanismen der sozialen Medien sorgen dafür, dass die Lernenden zugleich auch Rezensenten werden und durch Kommentare, Bewertungen, Weiterleitung oder Speicherung von Erklärvideos die Darstellung der Suchergebnisse auf der jeweiligen Plattform verändern, so dass sie, wenn schon nicht an der Konstruktion, so doch immerhin an der Strukturierung der Erklärvideos mitwirken, indem sie durch ihre Auswahl den jeweiligen Algorithmus beeinflussen. Erklärvideos eröffnen daher – auch und gerade für die Lehre im Fach Geschichte – neue Bildungswege und -chancen, indem sie eine kollektive sowie diskursive Erschließung von Wissen ermöglichen (vgl. Wolf 2015a, 36).

Qualitätssicherung als Herausforderung

Als Herausforderung erweist sich jedoch die Qualitätssicherung. Der „Faktencheck“ bzw. die Beurteilung von Qualität und Korrektheit bleibt den Nutzerinnen und Nutzern überlassen. Bei Portalen mit Kommentarfunktion kann man immerhin auf Fehler hinweisen und hoffen, dass die Produzenten diese bei einer Überarbeitung korrigieren (vgl. zu dieser Problematik auch Dorgerloh/Wolf 2020, 8 f.). Es ist daher dringend geboten, dass auch etablierte Bildungsträger bzw. Bildungsmedienverlage sich (noch) stärker diesem Medium zuwenden und professionelle Erklärfilme produzieren, um die fachliche und didaktische Qualität solcher Videos zu gewährleisten.

5. Qualitätskriterien für Analyse und Produktion von Erklärfilmen und Erklärvideos

Möglichkeiten zur Analyse

Es bietet sich an, jede Film- bzw. Videoanalyse mit einem nichtkategorialen Filmprotokoll zu beginnen (Horn 2009, 82–84). Sowohl während des erstmaligen Betrachtens als auch danach werden Notizen festgehalten. Welche Themen, Personen, Gruppen standen im Vordergrund, was wird positiv oder negativ bewertet, wie stehe ich dem Film emotional gegenüber? Gab es Geräusche, Stimmen oder Musik, die mich störten oder ansprachen? Waren die Grafiken ansprechend? Es ist bedeutsam, diesen ersten Eindruck festzuhalten, weil er im Verlauf der weiteren Beschäftigung nicht wieder herzustellen ist und von einer anschließenden kategorial geleiteten Untersuchung überlagert wird (vgl. Rosenthal 2005). Dieser erste Eindruck kann Anlass geben, sich mit einem bestimmten Aspekt auseinanderzusetzen. Evtl. ist eine kognitive Dissonanz entstanden, die sich nicht auflösen lässt. Hier können Vorschläge aus den vorliegenden Analysekategorien, die wir in dem Buch vorstellen, genutzt werden. Auf jeden Fall bietet das vorgeschaltete induktive Vorgehen viele Vorteile. Einige Anregungen zur Analyse können auch noch aus Klassikern zur Film- und Fernsehanalyse entnommen werden (Mikos 2023, Hickethier 2012), die aber keine didaktischen Fragestellungen im engeren Sinn, sondern medien- oder kommunikationswissenschaftliche Fragen an das Material stellen.

Kriterienkatalog

Gleichwohl können natürlich alle Videos ungeachtet ihrer Herkunft auch sofort anhand eines Kriterienkatalogs von Lernenden und Lehrenden analysiert sowie im Hinblick auf ihre Qualität für den schulischen Kontext beurteilt und bewertet werden. Kriterienkataloge sind nicht nur sinnvoll, um existente Videos zu beurteilen, sondern auch für die Produktion eigener Videos (vgl. Mayer 2024, 22), für die sie als Orientierungshilfe dienen können (vgl. Barsch 2020, 78). Qualitätskriterien sollten aber vor Analyse und Produktion explizit thematisiert werden, so dass die Schülerinnen und Schüler sie nicht unvermittelt und „von selbst" anwenden müssen.

Unser Vorschlag für einen Kriterienkatalog

Ein solcher Katalog umfasst unseres Erachtens die Bereiche Fachinhalt, didaktische Gestaltung und filmische Gestaltung. Als grundlegend erweist sich die fachliche korrekte Darstellung des Inhalts, sie ist eine sehr wesentliche Beurteilungsbasis, auch wenn dieser Kriterienkatalog nur sieben Aspekte umfasst. Auf der Grundlage der allgemeindidaktischen, der medienpädagogischen, der wenigen schon vorhandenen geschichtsdidaktischen sowie der Forschungsliteratur, die den Didaktiken anderer Unterrichtsfächer – vor allem den Naturwissenschaften – entstammt, entwickelten wir einen Kriterienkatalog für die (fach-)didaktische Gestaltung. Dieser Aspekt stellt das Herzstück dar und ist mit 20 Unterpunkten auch der umfassendste. Er beinhaltet zwar auch viele allgemeindidaktische Aspekte, berücksichtigt aber auch zentrale und genuin geschichtsdidaktische Gesichtspunkte und Prinzipien. Weitere Aspekte zu diesem Bereich aus den genannten Disziplinen haben wir auf das Fach Geschichte transferiert und entsprechend adaptiert. So sind im Fach Geschichte anders als in den Naturwissenschaften z. B. keine Experimente möglich, die Sachverhalte anschaulich illustrieren, wohl aber können Quellen und Darstellungen exemplarische Visualisierungen bieten. Ebenfalls wichtig ist die filmische Gestaltung, die zwölf Unterpunkte umfasst. Sie alle zusammen können nicht nur als Kriterienkatalog für die Bewertung von bereits existierenden Erklärvideos und -filmen betrachtet werden, sondern dienen zugleich auch als Orientierung für die Produktion eigener Erklärvideos.

Bei der Fülle der hier präsentierten Kriterien sind wir uns durchaus der Tatsache bewusst, dass sie angesichts ihrer Vielzahl nur eingeschränkt praxistauglich sind. Dies nehmen wir aber in Kauf, da es sich bei dieser Zusammenstellung der aus der Literatur gewonnen Kriterien gleichsam um eine Idealtypik handelt. Nicht alle Kriterien müssen erfüllt sein – das wäre eine vermessene Forderung an Erklärvideos – bei qualitativ hochwertigen Videos sollten es aber möglichst viele sein. Auch bei eigenen Analysen müssen nicht immer alle drei Bereiche berücksichtigt werden, sondern der Fokus kann durchaus unterschiedlich sein. Auf jeden Fall sollte aber die Fachlichkeit stets Gegenstand der Untersuchung sein. Wir sind uns ebenfalls bewusst, dass die Vielzahl an Nachweisen in den drei folgenden Teilabschnitten die Lesbarkeit erschwert. Sie unterstreichen aber die Vielzahl an Beiträgen aus unterschiedlichen Disziplinen und Didaktiken, die wir für unseren Kriterienkatalog herangezogen und geschichtswissenschaftlich sowie geschichtsdidaktisch gewendet haben.

Bisheriger Forschungsstand zur Lernwirksamkeit von Erklärvideos

Auf Grundlage des bisherigen Forschungsstandes sei Folgendes zur generellen Lernwirksamkeit von Erklärvideos und -filmen vorweg angemerkt: Stefanie Findeisen, Siegfried Horn und Jürgen Seifried kommen in ihrer Metastudie zu dem Ergebnis, dass sich Lernvideos prinzipiell positiv auf die Lernleistung auswirken (Findeisen/Horn/Seifried 2019, 16). Laut Cynthia Brames Metastudie sind die drei Aspekte Cognitive Load, Student Engagement und Active Learning bedeutsam für die Maximierung des Lernerfolgs (Brame 2016, 1).

Hinter den (fach-)didaktischen und filmgestalterischen Kriterien stehen daher folgende Überlegungen: Die Cognitive Load Theory besagt, dass Lernen nur dann möglich ist, wenn die Kapazität des Arbeitsgedächtnisses nicht überlastet wird (vgl. Scharpf/Haider/Quante 2022, 27–28). Um also die kognitive Belastung möglichst minimal zu halten, sollen sich auditive und visuelle Elemente ergänzen und nicht doppeln. Wichtige Aspekte und Begriffe sollen durch farbliche Hervorhebungen und Markierungen von Schlagworten und Symbolen betont werden. Das Aufteilen in überschaubare Segmente sowie der Verzicht auf nebensächliche Informationen tragen ebenso zu einer bewältigbaren kognitiven Belastung bei wie die passende Verteilung der neuen Informationen auf die beiden Sinneskanäle visuell und auditiv durch duale Kodierung mittels Bild und Text bzw. gesprochenem Wort (Brame 2016, 1–4). Das Engagement der Lernenden wird zum einen durch die Videodauer beeinflusst.

Brame empfiehlt eine maximale Dauer von sechs Minuten. Zum anderen ist Sprache von Bedeutung für das Interesse der Lernenden. Statt formaler Bildungssprache sollte Umgangssprache verwendet werden. Diese Empfehlung kann man kritisch betrachten. Denn es ist eine wichtige Aufgabe von Unterricht, die Schülerinnen und Schüler zur Bildungssprache hinzuführen. Da es sich bei diesem Format aber um mündliche Kommunikation handelt, erscheint die Forderung nach Umgangssprache statthaft. Die Sprechgeschwindigkeit sollte hoch und in einem „enthusiastischen" Tonfall sein (vgl. Brame 2016, 4). Um aktives Lernen zu fördern, rät Brame zur Interaktivität bei der Gestaltung von Erklärvideos.

Fachliche Qualitätskriterien

Fachliche Qualitätskriterien

Die Erklärung ist einem klar begrenzten Thema gewidmet. Das Thema wiederum muss narrativ strukturierbar (Storytelling) sein (Buether 2018, 138 und 142). Inhaltlich bietet die mündlich vorgetragene Erklärung fachlich korrekte Informationen, deren Urheber bzw. Autor mitgeteilt wird oder in der Beschreibung ermittelbar ist (Buether 2018, 121 und 138–140; Hartung 2020, 102–103; vgl. Horn 2021, 153; Kulgemeyer 2016, 2–9; Neumeister/Vogt 2020, 581–582; Sperl 2016, 107; Tomczyszyn/Kulgemeyer 2016, 10–15; Wagner/Wörn 2011, 29). Die Erklärung vermeidet Exkurse zu irrelevanten Nebensächlichkeiten (vgl. Buether 2018, 138; Khan 2013, 41–44; Kulgemeyer 2018, 10; Ödén 2021, 86; Renkl u. a. 2006, 213; Sperl 2016, 107; Wagner/Wörn 2011, 28). Des Weiteren expliziert die Erklärung die Art des vermittelten Wissens (z. B. deklarativ, prozedural oder metakognitiv) und verdeutlicht den Konstruktcharakter der im Video präsentierten Geschichte.

Die Erklärung ist sich ihrer eigenen Standortgebundenheit bewusst und macht sie transparent. Sie bemüht sich des Weiteren um eine multiperspektivische Darstellung (vgl. Hartung 2020, 101 und 106–109) und berücksichtigt Kontroversität. Zur Untersuchung dieser fachlichen Qualitätskriterien lassen sich auch einige der Leitfragen aus Tabelle 4 zur äußeren Quellenkritik heranziehen.

Die verwendeten Quellen und Darstellungen werden quellen- bzw. darstellungskritisch eingeordnet, charakterisiert und kontextualisiert (vgl. Hartung 2020, 101).

Die Erklärung ist eine genuin historische Erklärung, d. h. sie beantwortet eine historische Frage, berücksichtigt dabei Temporalität sowie Kausalität und erklärt eine Veränderung in einem bestimmten Zeitraum. Daher enthält die Erklärung sprachliche Markierungen wie z. B. Adverbien, Konjunktionen oder Tempora zur Kennzeichnung historischer Sinnbildung (vgl. Buether 2018, 130; Hartung 2020, 104–106; vgl. Horn 2021, 154; Lindl u. a. 2019, 131; vgl. Neubert 2019, 279–281; Pandel 2017a, 116–127; Pandel 2017b, 407–412; Ruck/Memminger 2019, 154–155; Rüsen 1997, 164–169; Schön/Ebner 2020, 78; vgl. Wagner/Wörn 2011, 20; Wenzel 2016, 169–187). Dafür können alle in Kapitel 2 genannten Erklärungsarten verwendet werden; der „Goldstandard" der historischen Erklärung ist jedoch die narrative Erklärung, seitdem das Paradigma der Narrativität in der Geschichtsdidaktik Einzug gehalten hat.

Aspekt	Beurteilung
Thema	
Inhalt und Autor/Urheber	
Art des vermittelten Wissens und Konstruktcharakter von Geschichte	
Reflexion der eigenen Standortgebundenheit	
(Multi-)Perspektivität und Kontroversität bei der Darstellung	
Quellen- und Darstellungskritik	
Art der Narration sowie Art und Qualität der Erklärung	

Tab. 5: Fachliche Qualitätskriterien zur Beurteilung von Erklärfilmen und -videos

(Fach-)Didaktische Qualitätskriterien

(Fach-)Didaktische Qualitätskriterien

Die Erklärung hat einen eindeutigen Titel (Überschrift) und eine kurze Inhaltsangabe bzw. Beschreibung, die als Anmoderation dient (Buether 2018, 139; Schön/Ebner 2013, 39; Sperl 2016, 107).

Die Erklärung ist gegliedert, sie besteht aus Einleitung, Hauptteil und Schluss. Im Sinne eines Advanced Organizer gibt die Erklärung zu Beginn einen Ausblick auf das Thema und stellt Transparenz über den Ablauf her. Sie fasst am Ende die wesentlichen Aspekte noch einmal zusammen (Hartung 2020, 103; Kulgemeyer/Schecker 2013, 2252; Kulgemeyer 2016, 2-9; Kulgemeyer 2018, 10; Kulgemeyer 2020, 72; Lindl u. a. 2019, 131; Neumeister/Vogt 2020, 581–582; Sperl 2016, 107; Tomczyszyn/Kulgemeyer 2016, 10–15, Wagner/Wörn 2011, 26).

Der Erklärung liegt ein fachliches Ziel zugrunde, das in Form einer Frage oder eines Problems formuliert ist und das im Laufe des Erklärvideos beantwortet bzw. gelöst wird (Buether 2018, 137-138 und 142; Hartung 2020, 103-104; Khan 2013, 45-51; Schön/Ebner 2013, 21).

Die Erklärung basiert auf dem Prinzip der didaktischen Reduktion, indem sie komplexe Fragen und Inhalte auf ihren wesentlichen Kern zurückführt und nur diesen darbietet (Buether 2018, 138-139; Kulgemeyer/Schecker 2013, 2252; Neumeister/Vogt 2020, 581–582; Renkl u. a. 2006, 213; Schön/Ebner 2020, 78; Tomczyszyn/Kulgemeyer 2016, 10–15).

Die Erklärung ist sparsam im Einsatz von Effekten, aber auch von Veranschaulichungsmitteln. Sie vermeidet Exkurse vom Thema. Sie ist auf das Wesentliche konzentriert (geringer „Cognitive Load") und vermeidet alles, was vom Thema ablenkt (Buether 2018, 138; Khan 2013, 41-44; Kulgemeyer 2018, 10; Ödén 2021, 86; Renkl u. a. 2006, 213; Sperl 2016, 107; Wagner/Wörn 2011, 28).

Das Thema der Erklärung beeinflusst auch die Vermittlungsmethoden und die im Erklärvideo eingesetzten Quellen und Darstellungen (vgl. Buether 2018, 139 und 142). Soll z. B. die absolute Herrschaft Ludwigs XIV. erklärt werden, wären wohl Historiengemälde passende Medien, wohingegen z. B. etwa bei der Erklärung der Weltwirtschaftskrise eher Statistiken und Diagramme gezeigt würden.

Die Erklärung hat i. d. R. eine Dauer zwischen zwei und sechs Minuten. Bei notwendigerweise längeren Erklärungen bietet sich eine Kapitelstruktur an, die auf einzelne Abschnitte des Videos bzw. Films verweist. Überdies lässt sich die Quantität des Erklärvideos durch Eingrenzung oder Erweiterung der Fragestellung steuern (Khan 2013, 37–38; Kulgemeyer 2016, 2–9; Schön/Ebner 2013, 29; Sperl 2016, 107).

Die Erklärung stellt zunächst den Sachverhalt vom Allgemeinen zum Besonderen vor und illustriert ihn danach mit Veranschaulichungswerkzeugen. Ein einleitendes Beispiel, das die Relevanz des zu erklärenden Inhalts begründet, schließt das nicht aus (Kulgemeyer 2018, 10).

Die Erklärung knüpft an Vorwissen und/oder typische Fehlvorstellungen der Lernenden an. Sie ist außerdem adressaten- bzw. zielgruppengerecht (Buether 2018, 121, 137 und 139–140; Kulgemeyer/Schecker 2013, 2252; Kulgemeyer 2016, 2–9; Kulgemeyer 2018, 9–11; Kulgemeyer 2020, 71–72; Lindl u. a. 2019, 131; Neumeister/Vogt 2020, 581–582; Renkl u. a. 2006, 207; Schön/Ebner 2013, 21; Schön/Ebner 2020, 78; Tomczyszyn/Kulgemeyer 2016, 10–15; Wagner/Wörn 2011, 20–21 und 30).

Das gilt vor allem auch für die Sprachebene. Die Erklärung führt neue fachsprachliche Begriffe über Umgangs- und Alltagssprache in die Bildungssprache ein. Die Sprache ist insgesamt angemessen, sie schließt an das Sprachniveau der Zielgruppe an (Kulgemeyer 2018, 10; Sperl 2016, 107). Dabei spricht die Erklärung die Adressaten direkt an, z. B. durch regelmäßige Fragen (Kulgemeyer/Schecker 2013, 2252; Sperl 2016, 107).

Die Erklärung berücksichtigt Theorien und Modelle und ermöglicht den Transfer auf ein weiteres Beispiel aus einem bekannten Phänomenbereich (vgl. Kulgemeyer 2018, 10; Kulgemeyer 2020, 72; Renkl u. a. 2006, 214–215).

Sie verwendet Beispiele zur Erläuterung des Konzepts. Die Beispiele stammen aus einem bekannten Phänomenbereich (Kulgemeyer/Schecker 2013, 2252; Kulgemeyer 2018, 10; Kulgemeyer 2020, 72; Ruck/Memminger 2019, 154–155; Tomczyszyn/Kulgemeyer 2016, 10–15).

In der Erklärung werden Quellen und Darstellungen wie z. B. Texte, Bilder, Graphiken, Symbole, Gegenstände, Animationen oder weitere anschauliche Visualisierungen gezeigt, die das Gesagte sparsam gemäß dem Multimediaprinzip illustrieren (vgl. Horn 2021, 153; Kulgemeyer/Schecker 2013, 2252; Kulgemeyer 2018, 10; Kulgemeyer 2020, 72; Schmidt-Borcherding 2020, 67; Schön/Ebner 2013, 28, 30 und 38; Schön/Ebner 2020, 78; Sperl 2016, 107 und 113–114; Wagner/Wörn 2011, 29).

Die Erklärung folgt einem didaktischen Storytelling. Sie beginnt mit einer historischen Frage, die im Laufe des Videos mit Materialien, Theorien oder Beispielen bearbeitet und beantwortet wird (Buether 2018, 130 und 138–139; vgl. Hartung 2020, 104–106; vgl. Neubert 2019, 279–281; Schön/Ebner 2013, 20 und 27).

Die Erklärung stellt dar, warum der erklärte Sachverhalt wichtig ist. Dies kann anhand eines Problems geschehen, zu dessen Lösung die Erklärung beiträgt oder an einem Beispiel, zu dessen Verständnis die Erklärung dienlich ist (Kulgemeyer 2018, 10; Kulgemeyer 2020, 72).

Sie verwendet Kontexte, die Interesse erzeugen – z. B. bei der Auswahl von Beispielen aus dem Alltag bzw. aus der gegenwärtigen Lebenswelt – und aktiviert die Lernenden kognitiv (Buether 2018, 140; Kulgemeyer 2018, 10).

Die Erklärung dockt, wenn sinnvoll möglich, an Phänomene aus Alltag und Gegenwart der Lernenden an und verdeutlicht ihre Relevanz, indem sie Zusammenhänge zwischen Vergangenheit und Gegenwart aufzeigt und ggf. erläutert (Hartung 2020, 109–111; vgl. Horn 2021, 153; Neumeister/Vogt 2020, 582).

Das Erklärvideo bzw. der Erklärfilm ist interaktiv gestaltet, so dass die Lernenden aktiv Einfluss auf ihren Prozess der Informationsverarbeitung ausüben können. Dieser wird nämlich durch die flüchtige und pausenlose Präsentation der Inhalte erschwert. Um dennoch individuelle Informationsverarbeitung zu ermöglichen und zu verhindern, dass Lernende aufgrund unterschiedlicher Lerngeschwindigkeiten und kognitiver Voraussetzungen nachfolgende Inhalte nicht aufnehmen können, weil vorangegangene Informationen noch nicht vollständig verarbeitet wurden, gibt es zahlreiche Möglichkeiten zur interaktiven Gestaltung.

Diese kann durch Leitfragen vorab oder als Hausaufgabe danach, durch interaktive Übungen und Fragen während des Videos bzw. durch eine Kapitelsteuerung mit Pause- und Spulfunktion (Überspringen oder Zurückspulen) umgesetzt werden. Auch ein Inhaltsverzeichnis bzw. Index oder die Segmentierung des Videos in mehrere Abschnitte dienen der Interaktivität. Weitere interaktive Elemente sind z. B. die Möglichkeit, in einem Experten-Chat Fragen zu stellen, sich mit anderen Betrachterinnen und Betrachtern auszutauschen,

Aspekt	Beurteilung
Kurzbeschreibung	
Struktur und Gliederung	
Zielorientierung	
Reduktion	
Minimalismus	
Methoden	
Dauer	
Deduktion	
Adaption/Passung	
Sprachebene	
direkte Ansprache	
Theorien und Modelle	
Beispiele	
Multimediale Darstellungsform(en)	
didaktisches Storytelling	
Relevanz und Transparenz	
Motivation, Interesse und kognitive Aktivierung	
Gegenwarts- und Lebensweltbezug	
Interaktivität	
Evaluation und Überprüfung des Lernerfolgs durch eine Anschlussaufgabe (Übung und Transfer)	

Tab. 6: Didaktische Qualitätskriterien zur Beurteilung von Erklärfilmen und -videos

Notizen selbst anzufertigen oder bereits vorhandene Notizen bestimmten Videosequenzen zuzuordnen, Lerninhalte mittels (Quiz-)Fragen festzuhalten oder durch Hinweise auf Zusatzmaterial für deren Festigung und Anwendung zu sorgen (vgl. Brame 2016, 5; Findeisen/Horn/Seifried 2019, 20).

Das Erklärvideo bzw. der Erklärfilm bietet die Möglichkeit zu überprüfen, ob die Lernenden dadurch ein Ziel erreicht bzw. Kompetenzen erworben haben. Sowohl Faktenwissen als auch Methodenkompetenz können evaluiert werden. Dafür eignet sich z. B. eine Anschlussaufgabe am Ende. Sie sollte so beschaffen sein, dass die Lernenden selbst mit den in der Erklärung bereitgestellten und vermittelten Information arbeiten und sie in Form von Übung oder Transfer anwenden (Buether 2018, 141 und 143; Khan 2013, 39–40; Kulgemeyer/Schecker 2013, 2252; Kulgemeyer 2016, 2–9; Kulgemeyer 2018, 10; Kulgemeyer 2020, 74; Renkl u. a. 2006, 215–216; Schön/Ebner 2020, 80; Wagner/Wörn 2011, 31).

Filmgestalterische Qualitätskriterien

Filmgestalterische Qualitätskriterien

Die zu vermittelnden Informationen werden in der Erklärung in Form einer Rahmenerzählung eingebettet (Buether 2018, 142; Kulgemeyer 2016, 2–9; Schön/Ebner 2013, 20 und 27; Sperl 2016, 107 und 109–111). Das ist bei historischen Themen nicht immer bzw. nur schwer möglich, bei der Erklärung historischer Methoden bieten sich Rahmenerzählungen jedoch sehr wohl an.

Sowohl die Bildqualität des Erklärvideos als auch bildhafter Elemente wie z. B. Fotos, Grafiken, Diagramme etc. sind gut (Schön/Ebner 2013, 35; Sperl 2016, 107 und 115). Die Tonqualität des Erklärvideos ist ebenfalls gut. Das Audio ist frei von Störungs- und Nebengeräuschen (Sperl 2016, 115). Der gesprochene/hörbare Text der Erklärung stimmt mit dem Gezeigten überein, beides ist kohärent und verläuft als doppelte Codierung synchron (Kulgemeyer 2020, 72; Schmidt-Borcherding 2020, 63–67; Schön/Ebner 2020, 78; Sperl 2016, 108 und 113; Wagner/Wörn 2011, 31).

Das Erklärvideo hat einen klar erkennbaren Bildungswert. Sinn und Zweck des zu erwerbenden Wissens werden transparent erläutert (Buether 2018, 143). Trotz Fokus auf der Vermittlung von Inhalten ist auch Unterhaltung in gewissem Maß erlaubt, solange der Einsatz von Humor und Witz angemessen ist und der Vermittlung von Inhalten dient. Klischees und Stereotypen sollten unbedingt vermieden werden. Kreative und innovative Gestaltungselemente können ebenfalls für Unterhaltung sorgen, aber auch von den Inhalten ablenken, weshalb sie sparsam und mit Bedacht verwendet werden sollten (Schön/Ebner 2013, 28; Sperl 2016, 107).

Die Erklärung bietet als Gestaltungsmittel z. B. Animationen für Abstraktes, Zoom, Bilder oder filmisches Material (Sperl 2016, 107 und 109).

Ein Erklärvideo hat unterschiedliche Kameraperspektiven und Kameraeinstellungen je nach Sequenz bzw. Handlung (Buether 2018, 137 und 143; Schön/Ebner 2013, 37; vgl. Sperl 2016, 115). Die einzelnen Sequenzen sind durch ansprechende und angemessene Schnitte passend miteinander verbunden (Buether 2018, 137 und 143; vgl. Sperl 2016, 115).

Das Drehbuch bzw. Storyboard für die Erklärung ist durchdacht und gut strukturiert. Es legt Handlungsabläufe und Sprechtexte fest (Buether 2018, 142; Schön/Ebner 2013, 29 und 36; Schön/Ebner 2020, 79; Sperl 2016, 109–111).

Die Sprechperson kann sichtbar oder unsichtbar sein, sie sollte aber möglichst wenig selbst im Bild sein. Mimik und Gestik sind stimmig. Die Sprechperson der Erklärung wirkt authentisch und freundlich. Sie hat eine angenehme Stimme, artikuliert und intoniert angemessen. Sie vermeidet Versprecher und Verzögerungslaute (Buether 2018, 130 und 140; vgl. Horn 2021, 153; Lindl u. a. 2019, 131; Schön/Ebner 2013, 23–24, 27 und 36; Sperl 2016, 107 und 109; Wagner/Wörn 2011, 29 und 31). Im Rahmen des inklusiven Unterrichts sind (optional ein- und ausblendbare) Untertitel ebenso von Vorteil für Hörgeschädigte wie die Möglichkeit, ein Transkript des gesprochenen Textes herunterzuladen und ggf. auszudrucken (vgl. dazu Popp 2023, 42).

Die Meinungen darüber, ob der oder die Vortragende in Erklärvideos zu sehen sein sollte bzw. ob die Sichtbarkeit der Erklärperson eher lernförderlich oder eher ablenkend ist, gehen in der Literatur auseinander. Bisherige Studien kommen diesbezüglich zu unterschiedlichen Ergebnissen und treffen keine klaren Aussagen dazu (vgl. Khan 2013, 41–43; Sperl 2016; Van Wermeskerken/Ravensbergen/Van Gog 2018; Anggraini/Sunawan/Murtadho 2020 und Ng/Przybyłek 2021). Fest steht jedoch, dass es beide Formen von Erklärvideos gibt. Es könnte daher die These aufgestellt werden, dass die Sichtbarkeit einer erklärenden Person nahe an der Erfahrung von Lernenden ist, da sie eine solche Situation aus realen Settings gewohnt sind. Ebenso gut lässt sich aber auch die These aufstellen, dass die Sichtbarkeit der vortragenden Person vom eigentlichen Inhalt ablenkt (vgl. Sperl 2016, 111, zur möglichst minimalen visuellen Präsenz der Sprechperson siehe Schön/Ebner 2013, 27 und Sperl 2016, 107). Auch über die sprachliche Perfektion des Vortrags gehen die Forschungsmeinungen auseinander. Während einige Forscherinnen und Forscher sie fordern (Schön/Ebner 2013, 23–24, 27 und 36), werden Erklärvideos mit Versprechern und Füllwörtern vom Publikum als authentischer wahrgenommen (vgl. Persike 2020, 281–284).

Im Hinblick auf die Erklärperson lassen sich folgende Aspekte festhalten: Ihr Geschlecht spielt für den Lernerfolg keine Rolle – auffällig ist jedoch, dass auf YouTube männliche Erklärpersonen im Fach Geschichte vorherrschend sind, wohingegen bei TikTok weibliche Creatorinnen die reichweitenstärksten Kanäle betreiben (vgl. Neubert 2024, 50). Die Wirkung der Sichtbarkeit der Erklärperson ist in der Forschung umstritten. Lediglich das Alter der Erklärperson gilt als Zeichen der ihr zugeschriebenen Kompetenz; die subjektiv wahrgenommene Erklärqualität ist höher, auch Anstrengung und Erfolg der Lernenden sind höher (Findeisen/Horn/Seifried 2019, 26–28). Implizit bedeutet dies jedoch, dass die Erklärperson wenigstens zu Beginn des Videos kurz sichtbar sein muss, damit die Lernenden ihr Alter ungefähr einschätzen können.

In einer Gesamtschau der einzelnen Aspekte wirkt der Einsatz aller filmgestalterischen Mittel überzeugend und angemessen; ein optimales Video ist nicht überladen mit filmgestalterischen Effekten. Die filmische Gestaltung überlagert und verdeckt weder den fachlichen Inhalt noch die didaktische Gestaltung, sondern unterstützt beides (vgl. Buether 2018, 140 und 142–143). Dies gilt es vor allem vor dem Hintergrund zu berücksichtigen, dass Lernende solche Videos vor allem aus ästhetischen Gesichtspunkten beurteilen (vgl. Barsch 2020, 76 und Barsch 2024, 444).

Aspekt	Beurteilung
filmisches Storytelling	
Videoqualität	
Audioqualität	
Korrespondenz von Bild und Ton	
Bildungswert	
Unterhaltungswert	
Gestaltungsmittel	
Kameraperspektive	
Schnitttechnik	
Drehbuch/Storyboard	
Sprechperson/Personenaufnahmen/Cast/ „talking head"	
Gesamteindruck der filmgestalterischen Umsetzung	

Tab. 7: Filmgestalterische Qualitätskriterien zur Beurteilung von Erklärfilmen und -videos

6. Exemplarische Analysen

Bei den folgenden Analysen soll es nicht darum gehen, sie „schlechtzureden“, sondern sie auf Basis oben genannter Kriterien exemplarisch zu untersuchen, z. B. im Hinblick auf die fachliche Qualität, die Art der Erklärung oder die didaktische und mediale Gestaltung. Dabei können sowohl Vorzüge als auch Optimierungswürdiges festgestellt werden – bisweilen auch Diskrepanzen zwischen eigenem theoretischen Anspruch der Produzierenden und praktischer Umsetzung. Es handelt sich hierbei um knappe Analysen, die ausgewählte Zugriffe zeigen und nicht kleinschrittig streng einem der vorgestellten Analyseschemata folgen. Sie simulieren vielmehr einen möglichen Auswahlprozess einer Lehrkraft, die unter Berücksichtigung ihrer Lerngruppe im Rahmen einer Materialsichtung Auswahlentscheidungen im Hinblick auf Fachlichkeit, didaktische und mediale Gestaltung trifft. Ausgewählt wurden aufgrund ihrer Reichweite und Popularität drei Kanäle (MrWissen2go, Simple Club, EinfachSchule), von denen Videos zu Kernthemen des schulischen Geschichtsunterrichts analysiert werden, nämlich Ursachen bzw. Beginn der Französischen Revolution und die so genannten „Goldenen Zwanziger“ der Weimarer Republik. Adressaten dieser Analysen sind Lehrende wie Lernende gleichermaßen. Denn die hier präsentierten Erklärfilme können natürlich auch genauso im Unterricht analysiert werden; unsere Analyseergebnisse können als Erwartungshorizont bzw. Vergleichsfolie herangezogen werden.

MrWissen2go

MrWissen2go: Französische Revolution

Der Kanal „MrWissen2go Geschichte“ wird vom Journalisten Mirko Drotschmann betrieben und startete im Jahr 2012 noch unter der Kanalbezeichnung „musstewissen Geschichte“. Seit September 2017 ist er Teil von funk, einem Gemeinschaftsangebot der Arbeitsgemeinschaft der Rundfunkanstalten der Bundesrepublik Deutschland (ARD) und des Zweiten Deutschen Fernsehens (ZDF). Zielgruppe von funk sind Jugendliche und junge Erwachsene im Alter von 14 bis 29 Jahren (vgl. Drotschmann 2019). Drotschmann ist bekannt für seine Erklärvideos im Vlogging-Stil.

In einem Video aus dem Jahr 2017 (MrWissen2go 2017) erklärt Drotschmann die Ursachen der Französischen Revolution, die er auf vier Aspekte zurückführt: „politische Machtlosigkeit des Dritten Standes, Wirtschaftskrise, Staatsschulden, neue politische Ideen der Aufklärung".

Gleich zu Beginn wird Transparenz über den Inhalt des Videos geschaffen (zum Aufbau der Videos siehe Drotschmann 2019, 170). Ein Zeitstrahl am Anfang des Videos dient der chronologischen Einordnung der Thematik. Zunächst werden der historische Kontext des Absolutismus (mit Verweis auf ein anderes Video dieses Kanals zu Ludwig XIV.) sowie die Ständegesellschaft mittels einer Grafik und Beispielen erläutert. Auf einer großformatig eingeblendeten Karteikarte werden jeweils die zuvor erläuterten Ursachen (s. o.) stichwortartig festgehalten. Bei Begriffen wie z. B. Absolutismus oder Gewaltenteilung werden knappe Definitionen und Worterklärungen eingeblendet.

Fachlich ist der gesprochene Text in Ordnung, allerdings werden Bildmaterialien wie z. B. Historiengemälde als Hintergrund genutzt, ohne dass sie quellenkritisch eingeordnet oder in irgendeiner Form inhaltlich thematisiert würden. Sie haben lediglich illustrative Funktion für das Gesagte und werden quasi zu dessen Bekräftigung verwendet. Einzig die berühmte Karikatur zu den Lasten des Dritten Standes wird explizit als solche benannt – allerdings ohne weiter auf sie einzugehen. Das Video endet mit dem Hinweis auf die Einberufung der Generalstände und dem Verweis auf weitere Videos des Kanals zum Thema Französische Revolution.

Statt Quellenkritik, Multiperspektivität und Diskussion (vgl. Drotschmann 2019, 169 und 172) dominiert aber eben doch eine monoperspektivische Meistererzählung gemäß dem Motto „alles, was du wissen musst", wie es sowohl in der Videobeschreibung als auch im gesprochenen Text heißt.

Dabei handelt es sich allerdings nur um abfrag- und aufsagbares Sachwissen für Tests und Klassenarbeiten (vgl. Popp 2021, 171–172); die (kritische) Verwendung von Quellen, eine Reflexion der eigenen Narration, historisches Denken und der Konstruktcharakter von Geschichte bleiben letztlich außen vor.

In einem Video aus dem Jahr 2018 (MrWissen2go 2018) erklärt Drotschmann den Begriff „Goldene Zwanziger". Er formuliert die Frage, warum „diese Zeit so golden [war]". Auf die Fragwürdigkeit der Bezeichnung wird ebenso wenig eingegangen wie auf die Forschungskontroverse dazu, stattdessen wird die Bezeichnung als historisches Faktum akzeptiert. Zu Beantwortung der Frage untergliedert er sie in fünf Aspekte: „1. Was sind die ‚Goldenen Zwanziger Jahre'?, 2. Wie kommt es zum Wirtschaftsaufschwung?, 3. Welche Folgen hat das [= der Wirtschaftsaufschwung, MD] für die Menschen?, 4. Was tut sich in der Politik?, 5. Wie enden die ‚Goldenen Zwanziger'?"

MrWissen2go: „Goldene Zwanziger"

Der letzte Aspekt dieser Segmentierung ist verzichtbar, denn bereits in der ersten Frage wird als Zeitraum die „gute, […] goldene Zeit zwischen den beiden schlimmen Phasen Erster Weltkrieg und Weltwirtschaftskrise" definiert. Die Antwort wird chronologisch noch weiter präzisiert mit „nach dem Schreckensjahr 1923 und vor der Weltwirtschaftskrise 1929", wobei die Krisen des Jahres 1923 als bekanntes Vorwissen vorausgesetzt und nicht näher erläutert werden. Gleiches gilt für die Weltwirtschaftskrise, hier folgt ein Hinweis auf ein weiteres Video. In dieser Phase sei „Normalität" eingekehrt, die politische Situation habe sich beruhigt, die Wirtschaft habe sich erholt und die Menschen hätten „das Leben wieder [..] genießen können". Auch „Normalität" und „das Leben genießen" werden als Begriffe nicht definiert, deren inhaltliche Füllung bleibt den Rezipientinnen und Rezipienten vermutlich unklar; beim „Genuss" kann man allenfalls auf Restaurant- und Friseurbesuche sowie repariertes Schuhwerk schlussfolgern, weil das Video diese inhaltliche Füllung des Begriffs nahelegt. Als graphisches Gestaltungselement, das das Gesagte unterstützend illustriert, dient ein Zeitstrahl.

Der Aspekt Wirtschaft wird mittels Animationen anschaulich erläutert, im Bereich Gesellschaft illustrieren historische Schwarz-Weiß-Fotographien – ohne quellenkritische Erläuterung oder Kontextualisierung – die Ausführungen zum „Geist der neuen Zeit". Bei der Politik visualisiert eine Karte des Deutschen Reiches zunächst die außenpolitische Isolation, die Grenzen werden dann durch erfolgreich abgeschlossene Verträge im Verlauf des Videos immer flacher.

Als Ende der „Goldenen Zwanziger" bzw. einer Phase „relativer Stabilität" werden der New Yorker Börsencrash und die Weltwirtschaftskrise dargestellt, zu der auf ein weiteres Video dieses Kanals hingewiesen wird. Abschließend weist das Video noch ein interaktives Element auf, indem der Sprecher sich beim Publikum rückversichert, ob es alles verstanden oder noch Fragen hat. Dabei weist er auf die Kommentarfunktion hin, wo Fragen ggf. gepostet werden können.

In den 653 Kommentaren zum über 29.000 mal gelikten Video (Stand Dezember 2023) finden sich keine inhaltlichen Fragen zum Thema, stattdessen liest man Dutzende Dankesworte und Lobeshymnen auf das Video, den Sprecher sowie den Kanal generell. Schülerinnen und Schüler berichten ebenso wie Studierende von der Nutzung des Videos im Rahmen von Referaten, Präsentation, Klausuren und Prüfungen bis hin zum Abitur oder universitären Seminaren. Daneben werden weitere, wahrscheinlich prüfungsrelevante, Themenwünsche formuliert. Nur ein einziger Kommentar von @Larrypint setzt sich konstruktiv-kritisch mit der präsentierten Narration auseinander und fragt nach deren Perspektivität („Golden für wen?"). Insofern gilt auch für dieses Video das bereits oben formulierte Analyseergebnis.

Simple Club

Simple Club

Auffällig oft sind die Videos des Anbieters „Simple Club" als erste Treffer bei YouTube angegeben. „Simple Club" ist ein Anbieter, der für viele Schulfächer Erklärvideos anbietet. Zunächst sei hier eine allgemeine Bemerkung zum Stil der Videos dieses Anbieters angebracht. Es handelt sich um reine Animationen, die Sprecher sind nie zu sehen. Was erfahren wir in den meisten Videos? Die Macher geben uns Auskunft über die Funktion der Videos: „Es geht darum, dass ihr in der Arbeit Punkte holt wie die Oberassis" (Simple Club 2016a), „Wir müssen hier auch den Sonnenkönig machen, weil ihr den in der Schule halt braucht" (Simple Club 2017a). In den meisten Videos wird gleich zu Anfang verdeutlicht, dass die Macher keine besondere Affinität zum Inhalt haben. „Wir sind herablassend", sagt Giesecke, einer der Gründer, „aber nicht gegenüber dem Schüler, sondern gegenüber dem Stoff." (Munzinger 2017). Sie stehen auf der Seite der Schülerinnen und Schüler, weil „Schule scheiße ist" – so auch das Motto der halbstarken Pose auf Konferenzen, auf denen sie auftreten (vgl. Munzinger 2017). Überhaupt geht es hier um eine spezielle Form des Othering: Auf der einen Seite steht die doofe Schule, die völlig uncool, undigital und somit unmodern, und ergo unfähig sei, den Schülerinnen und Schülern irgendetwas beizubringen. Auf der anderen Seite steht der Simple Club, der digital, modern und cool ist – so jedenfalls im Selbstbild der Macher. Wer sind die Autoren der Beiträge? Laut Süddeutscher Zeitung studieren einige Autoren das Fach, über das sie schreiben, andere sind eher durch Zufall dazu gekommen. Jeder Autor ist für seine Videos selbst verantwortlich, Korrekturschleifen gibt es nicht. Giesecke und sein Kollege Schork vertrauen auf die Weisheit der Masse (Munzinger 2017). Von Autorinnen ist nirgendwo die Rede. Das erklärt vielleicht auch den nächsten Befund: Die Videos strotzen nur so vor Sexismus (vgl. Horn 2021 und Matthes/Lachner 2021) – Gendersensibilität an dieser Stelle einzufordern wäre ein viel zu filigraner Ausdruck für das, was wir in den Produkten vorfinden.

Simple Club: Französische Revolution

In dem Beitrag zur Französischen Revolution (Simple Club 2016b) wird König Ludwig XIV. attestiert, dass er „rumprotze": „Das wäre so als würde der Bundeskanzler eine Koks- und Nuttenparty feiern. [Hatten wir zur Produktionszeit nicht eine Bundeskanzlerin?]". Dass die europäischen Könige ganz heiß auf Amerika seien, erfahren wir dort ebenso. Isabella von Spanien taucht in diesem Kontext übrigens gar nicht auf. Worauf die vielen Männer nach Ansicht von

Simple Club ganz heiß seien, erfahren wir auch sogleich: „Da gibt es bestimmt viel, was man sich unter den Nagel reißen kann oder was man generell nageln kann. Haha, ne warte sorry. Von da an brechen immer mehr Entdecker in Richtung Amerika auf." Danach: „Die Leute wollten aber auch Abenteuer […] wenn sie im Auftrag ihres Königs [Welcher König? Handelt es sich bei Isabella nicht um eine Königin?] losziehen". Unter dem Deckmäntelchen eines plumpen Wortspiels werden Vergewaltigungen verharmlost bzw. als gewöhnliche männliche Abenteuer präsentiert. Offenbar soll das witzig sein. Oder warum lacht sich der Off-Kommentar dabei schlapp? „Wir machen Pornos, nee wir machen keine Pornos, haha,", so begrüßen die Gründer von Simple Club auf der Konferenz „Warum Schule scheiße ist" Schülerinnen und Schüler. Welche Angebote des mimetischen Lernens, welche „role models" bieten die Macher von Simple Club eigentlich an? Man kann hier zweifelsohne von einem krampfhaften Versuch einer aggressiven und sehr zweifelhaften ausgestalteten Remaskulinisierung der Medien sprechen, wie dies die Autorinnen und Autoren von Klicksafe für viele Bereiche der digitalen Medien konstatieren (vgl. Horn 2021).

Nun zur Analyse des Beitrags über die Ursachen der Französischen Revolution (Simple Club 2017b). Gleich zu Beginn erfahren die Schülerinnen und Schüler, dass das Video ihnen helfen soll, in einer anstehenden Arbeit zu bestehen. Sie sollen Fakten richtig „abspulen" können. Es wird nur der Anforderungsbereich I (Reproduktion) angekündigt und im Video auch beibehalten. Insgesamt werden zehn Ursachen für die Französische Revolution benannt, die sich hauptsächlich am Konzept der Personalisierung, hier Ludwig XVI., entlanghangeln, da dieser aufgrund seiner vermeintlichen Schwäche nicht gehandelt habe: In der Überblicksgrafik am Ende des Videos sind diese Ursachen nochmals aufgelistet: „1. Privilegierung von Adel und Klerus, 2. Bürgertum (wird nicht zeitgemäß behandelt), 3. Hohe Staatsschulden, 4. Klerus und Adel beharren auf ihre Steuerfreiheit, 5. Schwäche des Königs Ludwig XVI., 6. Bevölkerungswachstum, 7. Sozialer Gegensatz, 8. Hoher Getreidepreis, 9. Die Aufklärung,

10. Die Amerikanische Unabhängigkeitserklärung." Diese einzelnen Punkte werden jeweils kurzweilig erläutert (ca. 30 sec.) und mit Sidekicks aufgefrischt (ca. 10 sec.).

Ludwig XVI. beispielsweise habe was falsch gemacht, er habe nämlich „keine Koks- und Nuttenpartys" gemacht: „Der war ein zu harter Lappen, um das durchzuziehen". Er konnte sich politisch nicht durchsetzen. „Es fehlt an den Eiern das durchzuziehen", so der Off-Kommentar. Die Grafik zum Bevölkerungswachstum als eine der Ursachen der Revolution zeigt ausschließlich sehr viele junge Männer, die immer mehr werden. „Dadurch hatte man viele junge Leute im Land. Die hatten natürlich Bock auf Action [...], die beim Revolutionsspaß dabei sind." Der Sidekick hier besagt: Gewalt ist also ausschließlich männlich und macht Spaß. Insgesamt wird relativ viel Zeit für Wiederholungen und nicht sachbezogene Aussagen verwendet, viele visuelle und akustische Effekte werden eingebaut.

Beispielhafte Erklärungen in Form einer knappen personifizierenden Strategie oder einer Fallanalyse einzelner Bevölkerungsgruppen in der historischen Zeit werden nicht gegeben. Veranschaulichungen beziehen sich vornehmlich auf die Gegenwart – die vermeintliche Lebenswelt der Adressatinnen und Adressaten – und stellen keinen sachbezogenen Sinnzusammenhang dar, wie oben bereits verdeutlicht. Quellenkritik, Multiperspektivität oder die Diskussion einiger Fakten, Ereignisse oder Begriffe fehlen. Es geht lediglich darum, die zehn Ursachen parat und „abspulbar" zu haben.

EinfachSchule

EinfachSchule arbeitet mit StudyHelp zusammen, die kostenpflichtige Lernhefte zu den passenden Videos anbieten. EinfachSchule
Die Videos sind jedoch frei auf YouTube verfügbar. Die Macher stellen sich folgendermaßen auf YouTube vor: „Dein Lehrer erklärt dir stundenlang ein Thema und du hast es immer noch nicht verstanden? Du möchtest den Schulstoff nochmal besser verinnerlichen? Oder dich auf die nächste Arbeit vorbereiten? EinfachSchule hat zahlreiche Videos rund um Wirtschaft, Geschichte, Politik, Deutsch, Biologie

und ja, auch über Mathe haben wir etwas im Angebot! Wir freuen uns, dich auf unserem Kanal begrüßen zu dürfen." Richard, Lukas und Flo erscheinen als die Macher der Videos, die offensichtlich jedoch von einer größeren Crew professionell produziert werden. In den Videos sind sie jedoch nicht zu sehen, da diese ausschließlich mit Grafiken, Bildern und teilweise mit Quellen ausgestaltet sind.

EinfachSchule: „Goldene Zwanziger"

Der Erklärfilm zu den Goldenen Zwanziger Jahren (Einfach Schule 2022) verdeutlicht bereits im Titel eine Problematisierung des Begriffs. Er startet ganz im Sinn eines problemorientierten Geschichtsunterrichts mit einer Frage: „Wir verbinden diese Jahre mit Glanz, Glamour und florierender Kunst und Kultur. Aber waren die Goldenen Zwanziger wirklich so golden?" Der Film kontextualisiert im Anschluss den Zeitraum, indem er das Krisenjahr 1923 und die darauf folgenden Maßnahmen und Entwicklungen erläutert: Währungsreform, Dawes-Plan und erfolgreiche Außenpolitik. Dieses konventionelle Narrativ wird aber im Anschluss durch eine grafisch strukturierte Pro- und Contra-Diskussion des Begriffs „Goldene Zwanziger" ergänzt, in der mit einem multiperspektivischen Blick versucht wird zu eruieren, für wen denn die Jahre 1924 bis 1929 überhaupt golden gewesen sein könnten. Der Sprecher weist auch darauf hin, dass es problematisch sei, dass der Begriff von Filmen und Serien wie „Babylon Berlin" am Leben gehalten wird und stellt damit einen kritischen Gegenwartsbezug zur medialen Geschichtskultur her.

Als positive Punkte (Pro) werden aufgelistet und erläutert: Kulturelle und wissenschaftliche Höchstleistung, steigender Konsum und Wirtschaftswachstum, verhältnismäßig wenige innenpolitische Krisen, wegweisende soziale Absicherungsprogramme, Emanzipation der Frauen (Habitus, Bubikopf). Negativ (Contra) werden folgende Aspekte benannt und erläutert: Diskrepanz zwischen Stadt und Land – Bewohner ländlicher Gebiete profitieren kaum vom Aufschwung, Prostitution und Gewalt im städtischen Nachtleben (Gewalt der Ringvereine), weiterhin viel Armut und Arbeitslosigkeit, Diskriminierung von Frauen (besonders auf dem Arbeitsmarkt). Interessant an diesen Contra-Aspekten ist, dass der Begriff „Goldene Zwanziger“ sowohl aus dem urbanen Raum gelöst wird als auch die vermeintlichen Pro-Aspekte im Hinblick auf die Geschlechterdemokratie in Frage gestellt werden.

Der Sprecher schlägt zum Schluss mit „Phase der relativen Stabilität“ einen Alternativbegriff vor und erläutert, warum er diese sprachliche Sensibilität für sinnvoll hält. Zusammenfassend lässt sich sagen, dass es gelungen ist, in relativ kurzer Zeit (5:08 min.) sowohl problemorientiert, multiperspektivisch als auch sprachsensibel einen Themenkomplex zu erläutern. Der Konstruktcharakter von Geschichte wird deutlich, was bislang noch selten in Erklärvideos zum Tragen kommt. Anders als Simple Club verwendet das Video eine angemessene Bildungssprache, die durchaus auch in schulischen Kontexten zum Einsatz kommen kann.

Bei der Auswahl von Kanälen bzw. Videos für Rezeption und Analyse im Unterricht sollte auch immer bedacht werden, inwieweit die Videos Anleitung zu (eigenem) historischen Denken und Erzählen bieten bzw. ermöglichen oder ob sie derartige Ziele ggf. nicht wegen ihres Charakters einer Meistererzählung, wegen ihrer die Inhalte überlagernden Gestaltung, wegen ihrer Anbiederung ans Publikum etc. sogar konterkarieren.

Analyse anhand ausgefüllter Checklisten

Analyse anhand ausgefüllter Checklisten am Beispiel „Die Merkhilfe“: Französische Revolution

Die vorangegangenen Analysen haben die angebotenen Checklisten als Grundlage herangezogen und ausgewählte Aspekte berücksichtigt – je nachdem, welche Aspekte besonders auffällig waren. Die Checklisten können aber auch weitaus pragmatischer verwendet werden, indem sie stichwortartig ausgefüllt werden. Das folgende Beispiel, in dem das Erklärvideo „Französische Revolution – Ursachen & Gründe einfach erklärt – Geschichte“ des Anbieters „Die Merkhilfe“ einem Schnellcheck unterzogen wurde, verdeutlicht dies.

Aspekt	Beurteilung
Thema	Titel: Französische Revolution – Ursachen & Gründe einfach erklärt – Geschichte
Inhalt und Autor/Urheber	„Die Merkhilfe", kommerzieller Anbieter, gegründet von „Oliver". Impressum: Schwarzbach Media, Autor speziell dieses Videos: unbekannt, ein Team, https://www.youtube.com/watch?v=S7pEHdW0zBA
Art des vermittelten Wissens und Konstruktcharakter von Geschichte	rein deklaratives Wissen
Reflexion der eigenen Standortgebundenheit	nicht vorhanden
(Multi-)Perspektivität und Kontroversität bei der Darstellung	Multiperspektivität in Ansätzen, da über unterschiedliche Bevölkerungsschichten berichtet wird (aber nicht auf er Ebene von Quellen), keine Kontroversität
Quellen- und Darstellungskritik	nicht vorhanden
Art der Narration sowie Art und Qualität der Erklärung	deklarativ

Tab. 8: Fachliche Qualitätskriterien zur Beurteilung von Erklärfilmen und -videos

Aspekt	Beurteilung
Kurzbeschreibung	sehr knapp zu Beginn
Struktur und Gliederung	klar
Zielorientierung	unklar
Reduktion	angemessen
Minimalismus	grafisch angemessen
Methoden	nicht erkennbar
Dauer	5:56
Deduktion	dargestellte Ursachen und Folgen erkennbar im logischen Zusammenhang
Adaption/Passung	in Ordnung
Sprachebene	Jugendliche Sprecherstimme (fast die Alterszielgruppe), angemessenes Sprachniveau, Bildungssprache
direkte Ansprache	nur zu Beginn
Theorien und Modelle	nicht vorhanden
Beispiele	wenige, detailliert beim Thema Aufklärung
Multimediale Darstellungsform(en)	ansprechend
didaktisches Storytelling	schwach
Relevanz und Transparenz	nicht erkennbar
Motivation, Interesse und kognitive Aktivierung	schwach
Gegenwarts- und Lebensweltbezug	nicht vorhanden
Interaktivität	nicht vorhanden
Evaluation und Überprüfung des Lernerfolgs durch eine Anschlussaufgabe (Übung und Transfer)	nicht vorhanden, auch keine Wiederholungen

Tab. 9: Didaktische Qualitätskriterien zur Beurteilung von Erklärfilmen und -videos

Aspekt	Beurteilung
filmisches Storytelling	in Ordnung
Videoqualität	in Ordnung
Audioqualität	ausreichend, Ton klingt etwas hohl
Korrespondenz von Bild und Ton	passt
Bildungswert	ausreichend, Niveau eher an Gymnasien orientiert
Unterhaltungswert	gering
Gestaltungsmittel	teilweise schwach
Kameraperspektive	gleichbleibend
Schnitttechnik	unauffällig
Drehbuch/Storyboard	in Ordnung
Sprechperson/Personenaufnahmen/Cast/„talking head"	Person im Off, unbekannt
Gesamteindruck der filmgestalterischen Umsetzung	ausreichend, aber nicht besonders ansprechend

Tab. 10: Filmgestalterische Qualitätskriterien zur Beurteilung von Erklärfilmen und -videos

7. Produktion von Erklärvideos in der Unterrichtspraxis: Methodische Möglichkeiten

Voraussetzungen, Vorbereitung und Planung

Voraussetzungen, Vorbereitung und Planung

Wie bereits dargelegt, nutzen und schätzen Schülerinnen und Schüler Erklärvideos als Rezipientinnen und Rezipienten. Im Folgenden soll es nun darum gehen, sie selbst solche Videos produzieren zu lassen. Denn prinzipiell eignet sich jedes historische Thema bzw. jede Methode für die Produktion von Erklärvideos.

Die zu bewältigende Leistung ist allerdings komplex, denn sie erfordert das Zusammenspiel zahlreicher (historischer) Kompetenzen auf hohem Niveau. Anhand von Quellen und Darstellungen müssen die Lernenden eigenständig Sinnzusammenhänge erkennen, inhaltliche Verbindungen herstellen und diese schließlich in Form einer eigenen Narration präsentieren (Glaser 2020, 52). Dies erfordert nicht nur auf Seiten der Lernenden viele Kompetenzen, sondern auch auf Seiten der Lehrkraft eine entsprechende Vorbereitung, um die weitgehend selbständige und kreative Arbeitsphase der Schülerinnen und Schüler anzuleiten und sinnvoll zu strukturieren. Je nach Jahrgangsstufe fallen diese lehrerzentrierten Vorarbeiten unterschiedlich intensiv aus.

Differenzierungsmöglichkeiten

So sollte die Lehrkraft den Lernenden im Vorfeld bereits die verschiedenen Stile und Genres (vgl. Kapitel 3) erläutern, ein so genanntes Storyboard (Abb. 2), eine Checkliste mit Gestaltungskriterien (vgl. unseren Kriterienkatalog in Kapitel 5) sowie grundlegende Materialien zur Verfügung stellen. Auch der Arbeitsauftrag sollte klar und präzise formuliert sein. Die bereitgestellten Materialien können im Hinblick auf Quantität und Qualität verschieden sein, so dass sie differenziertes Arbeiten und Lernen ermöglichen (Glaser 2020, 52). Daneben gibt es noch weitere Differenzierungsmöglichkeiten: Die leistungsstarken Schülerinnen und Schüler werden schon durch das Erstellen von Erklärvideos gefordert, da es sich hierbei um eine herausfordernde und komplexe Lernmethode handelt. Dazu zählt nicht nur die Produktion eigener Videos, sondern anschließend auch die Analyse von Erklärvideos der *peers* im Hinblick auf inhaltliche Korrektheit sowie angewandte Vermittlungsstrategien. Leistungsschwächere Lernende können durch die Themenvergabe bei der Wiederholung grundlegender Unterrichtsinhalte sowie bei der Erstellung des Storyboards durch Vorgaben oder Scaffolding-Maßnahmen wie z. B. Satzanfängen unterstützt werden.

Storyboard

Das Storyboard orientiert sich dabei am historischen Erkenntnisverfahren (vgl. Handro 2020, 25–28). In der Einleitung wird eine historische Frage aufgeworfen, die am Schluss schließlich beantwortet wird. Der Hauptteil dient der Erklärung des historischen Sachverhalts mit verschieden Quellen und Darstellungen. Ein Storyboard mit Skript als Grundlage für die mündlich vorgetragene Erklärung kombiniert die Vorteile beider Lernmodalitäten für den Erwerb sowohl kognitiven als auch prozeduralen Wissens (vgl. Lachner/Ly/Nückles 2018, 353–355).

Motivation und Innovation auf Seiten der Lernenden

Schon ab Jahrgangsstufe 6 sind übrigens „didaktische Gestaltungsergebnisse“ (Wolf/Kratzer 2015, 43) erreichbar; die Produktion von Erklärvideos ist also nicht nur höheren Jahrgängen oder gar der Sekundarstufe II vorbehalten. Ganz im Gegenteil, gerade die jüngeren Lernenden sind mit dem Medium Erklärvideo recht vertraut und oftmals sehr motiviert, eigene Erklärvideos zu produzieren. Außerdem bietet eine solch kreative Methode die Möglichkeit, dass „in den selbst produzierten Erklärvideos […] neben tradierten Erklär- und Lehrmustern ein Raum für deren experimentelle Gestaltung mit didaktischen und gestalterischen Innovationen“ (Wolf 2015c, 124) entsteht. Dies zeigt auch die Tendenz im Geschichtswettbewerb des Bundespräsidenten. Zunehmend werden Wettbewerbsbeiträge in Form von erstellten Videos eingereicht.

Storyboard

Thema: ____________________

Verantwortliche/Beteiligte: ____________________

Abschnitt	Inhalt (Stichworte oder Text)	Material und Requisiten (didaktische und filmische Gestaltung)	Scaffolding-Maßnalnnen
Einleitung *Leitfragen:* Welches Thema behandelt das Video? Was soll das Publikum lernen? Welche historische Frage wird beantwortet, welches Problem/Phänomen erklärt?			Das folgende Video thematisiert ... Ihr könnt daraus Folgendes lernen ... Ich will/Wir wollen in diesem Video die historische Frage beantworten ...
Hauptteil *Leitfragen:* Welcher historische Sachverhalt soll erklärt werden? Welche Informationen sollen präsentiert werden? Wie sollen die Informationen präsentiert werden?			Dieses Video erklärt euch ... Als Quellen haben wir X, Y und Z genutzt. Bei den Darstellungen stützt sich unser Video auf A, B und C.
Schluss *Leitfragen:* Was ist das Ergebnis?/Wie lautet die Antwort auf die in der Einleitung gestellte historische Frage bzw. das dort geschilderte historische Problem/Phänomen? Wie lässt sich das Ergebnis/die Antwort kurz und prägnant zusammenfassen? Was nehmen die Betrachter aus dem Video mit?			Die am Anfang gestellte Frage kann man also wie folgt beantworten: ... Zusammenfassend kann man festhalten, dass ... Folgendes könnt ihr euch merken: ...

Abb. 2: Beispiel für ein Storyboard für Erklärvideos (nach Glaser 2020, 53 mit eigenen Ergänzungen)

Hinweise zur Produktion

Bei der Produktion müssen die drei Bereiche Planung, Durchführung und Reflexion berücksichtigt werden. Die Planung beinhaltet zum einen thematisch-inhaltliche Fragen, zum anderen technische Aspekte. Zunächst ist eine grundsätzliche Entscheidung über den Stil bzw. das Genre des Videos notwendig (vgl. hierzu Kap. 3). Thematisch-inhaltlich muss zunächst das Thema geklärt bzw. festgelegt werden, bevor in einem Brainstorming eine Ideensammlung folgt, wie sich das Thema umsetzen lässt. Dafür eignen sich auch Leitfragen, die den Lernenden einen Rahmen für ihr Erklärvideo vorgeben. Wenn die inhaltlichen Aspekte geklärt sind, stellen sich Fragen der didaktischen und filmischen Gestaltung. Oftmals bedingen sich Inhalt und Gestaltung zwar auch gegenseitig; es empfiehlt sich aber gerade für Novizen, diese Fragen anfangs sorgfältig voneinander zu trennen und sich zunächst über den Inhalt Rechenschaft abzulegen, bevor Gestaltungsfragen thematisiert werden. Dadurch wird nicht nur der Primat der Didaktik vor der Methodik eingehalten, sondern dieses diachrone Vorgehen verhindert auch eine schöngeistige Verzettelung in gestalterischen Details, die bisweilen den Inhalt aus den Augen verlieren und damit zum Selbstzweck zu werden drohen.

Nach Klärung des Inhalts stehen dann didaktische und gestalterische Fragen im Vordergrund. Weiterhin ist es zwingend notwendig, die Planungen und getroffenen Entscheidungen im Hinblick auf Inhalt, Gliederung, Didaktisierung, filmische Gestaltung, Medien- und Materialeinsatz im Storyboard festzuhalten und dort zu notieren.

Neben Inhaltlichem und Methodischem gilt es, ebenfalls von vornherein rechtliche Aspekte mitzudenken wie z. B. urheberrechtliche Fragen, Bildrechte, Nutzungsrechte, Fragen nach der (Zwischen-)Speicherung, digitale Verfügbarkeit, Lizenzen etc. (zu solch juristischen Stolpersteinen und Lösungen dafür siehe König/Weller 2018, 34–35).

Macharten, Techniken und Software

Macharten, Techniken und Software

Bei der Entscheidung für eine Machart spielen auch technische Aspekte bzw. die vorhandene Ausstattung eine wesentliche Rolle. Zahlreiche Apps, Tools und Programme stehen für Erklärvideos zur Verfügung.

Entstehen Erklärvideos in Partner- oder Gruppenarbeiten, so gilt es auch, bereits zu Beginn die Rollenverteilung zu klären und Verantwortlichkeiten bzw. Arbeitsbereiche festzulegen. Die Planung nimmt einen Großteil der Arbeitszeit ein, weil Entscheidungen diskutiert, getroffen und ggf. wieder verworfen werden müssen, wenn sie sich als nicht durchführbar erweisen. Beim Treffen planerischer Entscheidungen kann auch bereits der Kriterienkatalog zur Bewertung der Qualität von Erklärvideos zu Rat gezogen werden.

Die Produktion selbst wiederum hängt weitgehend von den technischen Rahmenbedingungen ab, ggf. muss mehrfach aufgenommen und optimiert werden, bis ein für alle Beteiligten akzeptables und den Qualitätskriterien entsprechendes Produkt entstanden ist. Die Produktion ist jedoch eine im Vergleich zur Planung meistens kürzere Phase.

In einer abschließenden Reflexionsphase werden die Videos im Hinblick auf Inhalt, didaktische sowie methodische Gestaltung analysiert und bewertet. Daran können auch die Schülerinnen und Schüler beteiligt werden, wenn sie kriteriengeleitet die Videos ihrer *peers* auswerten. Bei inhaltsgleichen Videos bietet sich außerdem ein intensiver Vergleich an, um den Lernenden erstens die Perspektivgebundenheit ihrer Videos vor Augen zu führen, sie zweitens ihre didaktischen Entscheidungen erneut reflektieren zu lassen und drittens durch sorgfältige Analyse des gesprochenen Wortes (Narration) ihre narrative Kompetenz zu fördern.

Die folgende Tabelle 11 bietet eine Zusammenstellung zu (Mach-)Arten bzw. Techniken für Erklärvideos.

Bezeichnung	**Beschreibung von (Mach-)Art bzw. Technik**
Trickfilm-Technik (Stop Motion)	Aufnahme von vielen einzelnen Bildern, aus den Bildfolgen entsteht durch Zusammenfügen ein Video
Animationen	Erstellungen von Animationen mithilfe von Software
Sketchnotes	Bei Sketchnotes handelt es sich um graphische Notizen, die aus Text, Bild und Symbolen bestehen. Sie können sowohl eigenständig als auch im Rahmen von Trickfilmen oder Animationen genutzt werden.
Legetechnik	Zu einem gesprochenen Text werden ausgeschnittene Figuren und Abbildungen gelegt und verschoben.
Videoaufnahmen, z. B.	
Screencast	Aufzeichnung beliebiger Bildschirminhalte inklusive Audiokommentar (mittels Mikrofon)
Slidecast	Variante eines Screencasts, bei der Präsentationsfolien abgefilmt sowie das dazu gesprochene Wort (mittels Mikrofon) aufgenommen werden (für eine Anleitung zum Erstellen von Slidecasts siehe Seifert 2020)
Vorträge (ggf. mit Green- oder Blue-Screen-Technik)	Die Sprechperson spricht vor einem grünen oder blauen Hintergrund, der bei der späteren Bearbeitung durch anderes Bildmaterial ersetzt wird.
Interview	audiovisuelle Aufzeichnung eines Frage-Antwort-Gesprächs

Tab 11: Mögliche (Mach-)Arten bzw. Techniken für Erklärvideos (nach Schön/Ebner 2013, 13–18; Schön/Ebner 2020, 76–78 und Persike 2020, 273–279)

Bei Tabelle 12 zu Software für die Erstellung und Bearbeitung von Erklärvideos handelt es sich nicht um Empfehlungen, sondern lediglich um einen Überblick über mögliche Programme, die angesichts der technischen, finanziellen und rechtlichen Rahmenbedingungen im (hoch-)schulischen Kontext unseres Erachtens genutzt werden können. Diese Übersicht ist notwendigerweise unvollständig, da wir auf die Auflistung teurer kostenpflichtiger Programme – vor allem im Bereich von Videoserver-Software mit Aufzeichnungsfunktion – verzichtet haben.

Name und Homepage	Lizenz	Betriebssystem	Nachbearbeitung
Adobe Captivate www.adobe.com/de/products/captivate.html	kostenpflichtig	Windows, Mac, iOS, Android	möglich
Adobe Creative Cloud Premiere Pro https://www.adobe.com/de/creativecloud.html	kostenpflichtig	Windows, Mac, iOS, Android	möglich
Active Presenter www.atomisystems.com/activepresenter	kostenlos und kostenpflichtig	Windows, Mac	möglich
Apowersoft Online Bildschirm Recorder www.apowersoft.de/kostenloser-online-bildschirm-recorder	kostenlos	Windows, Mac	möglich
CamStudio www.camstudio.org	kostenlos	Windows	möglich
Camtasia www.techsmith.de/camtasia.html	kostenpflichtig	Windows, Mac	möglich
Explain Everything https://explaineverything.com	kostenlos und kostenpflichtig	Windows, Mac, iOS, Android	möglich (kostenpflichtig)
DaVinci Resolve https://www.blackmagicdesign.com/de/products/davinciresolve	kostenlos	Windows, Mac, Linux	möglich
ezvid www.ezvid.com/ezvid_for_windows	kostenlos	Windows	möglich
iMovie https://www.apple.com/de/imovie	kostenlos	Mac, iOS	möglich
iSpring Suite www.ispringsolutions.com/ispringsuite	kostenlos und kostenpflichtig	Windows	möglich
KineMaster https://kinemaster.com	kostenlos	iOS, Android	möglich
Kazam www.launchpad.net/kazam	kostenlos	Linux	nicht möglich

Name und Homepage	Lizenz	Betriebssystem	Nachbearbeitung
Loom https://www.loom.com	kostenlos und kostenpflichtig	Windows, Mac, iOS, Android	möglich
Microsoft Powerpoint https://www.microsoft.com/de-de/powerpoint	kostenpflichtig	Windows	nicht möglich
Simple Show https://simpleshow.com/de	kostenlos und kostenpflichtig	Windows, Mac, iOS, Android	möglich
Open Broadcaster Software www.obsproject.com	kostenlos	Windows, Mac, Linux	nicht möglich
Screencastomatic www.screencast-o-matic.com	kostenlos und kostenpflichtig	Windows, Mac	möglich (kostenpflichtig)
ScreenFlow www.telestream.net/screenflow	kostenlos	Mac	möglich
Stop Motion Studio https://www.cateater.com	kostenpflichtig	Windows, Mac, iOS, Android	möglich
Viva Video https://vivavideo.tv	kostenlos	iOS, Android	möglich

Tab. 12: Software zum Erstellen und Bearbeiten von Erklärvideos (nach Persike 2020, 286 mit eigenen Ergänzungen)

Eine Überlegenheit einer bestimmten Machart ließ sich empirisch bislang ebenso wenig nachweisen wie eine größere Wirkung professioneller Produktionen im Vergleich zu Produktionen von Laien (vgl. Findeisen/Horn/Seifried 202019, 29).

8. Fazit und Ausblick

Fortschreitende Digitalisierung im Bildungsbereich

Angesichts der fortschreitenden Digitalisierung aller Lebensbereiche erscheint es als unwahrscheinlich, dass der Bildungssektor in einen *status quo ante coronam* zurückkehren wird. Aus diesem Grund muss sich die Geschichtsdidaktik aktiv, produktiv und kritisch mit der Digitalisierung auseinandersetzen, wenn sie als wissenschaftliche Disziplin auf diesem Feld wahr- und ernstgenommen werden sowie gestaltenden Einfluss ausüben will (vgl. Bernsen/Spahn 2015, Bernsen/Kerber 2017, Demantowsky/Pallaske 2015, Friedburg 2015, Grosch 2012, Günther-Arndt 2015, Buchberger/Kühberger/Stuhlberger 2015 und Antenhofer/Kühberger/Strohmeyer 2024).

Bei der Entwicklung von geschichtsdidaktischen Konzepten, Angeboten und Materialien gilt es, sowohl die euphorischen *Digital Natives* als auch die kulturpessimistischen Digitalskeptiker im Blick zu halten und beiden Seiten in Aus- und Fortbildung Realistisches und Handhabbares für die Lehre in Schule und Hochschule an die Hand zu geben. Chancen und Risiken, Nutzen und Nachteil der Digitalisierung müssen weiterhin gegeneinander abgewogen werden. Insofern gilt für die Digitalisierung, dass sie keine allzu hohen Erwartungen wecken sollte. Dies wird auch durch das Zitat in der Einleitung deutlich, dessen Auflösung noch aussteht. Kein geringerer als Thomas Alva Edison (1847–1931) äußerte sich in einem Interview im Sommer 1913 so optimistisch zur Entwicklung von Lehr-Lern-Prozessen angesichts des damals neuen Mediums Film. Auch die institutionellen Beharrungskräfte innerhalb des Bildungssystems dürfen keinesfalls als gering veranschlagt werden.

Forschungsperspektiven

Gleichwohl können „neue“ audiovisuelle Medien und Formate im Sinne eines *blended learning* genutzt werden und sowohl zur Steigerung der Effektivität des Lernprozesses als auch zur Individualisierung beitragen (vgl. Zander/Behrens/

Mehlhorn 2020, 248). Denn Erklärvideos scheinen über ein erhebliches Potential für historisches Lernen zu verfügen; dieses muss aber geschichtsdidaktisch noch genau(er) erforscht und die Forschungsergebnisse für die Unterrichtspraxis aufbereitet werden. Danach können in einem weiteren Schritt Wirkung und Qualität des Unterrichts mit Erklärvideos wiederum untersucht, reflektiert und bewertet werden. Dabei muss die Geschichtsdidaktik nicht bei Null anfangen. Sie hat in den letzten drei Jahrzehnten zahlreiche hochwertige Überlegungen im Bereich der Medienkompetenz angestellt, an die nun angeknüpft werden kann. Sie müssen allerdings bisweilen noch adaptiert und auf das Digitale ausgeweitet und übertragen werden. Auch aus anderen Disziplinen wie z. B. der Medien- und Kommunikationswissenschaft, die auf sehr langjährige Erfahrung im Umgang mit Filmen und Videos zurückgreifen können, kann unsere Disziplin sehr fruchtbare Impulse erhalten.

Generell wissen wir empirisch bislang nur sehr wenig über historisches Lernen mit digitalen Medien (vgl. Bernhardt/Neeb 2020, 3). Deshalb ist auch hier Handlungsbedarf geboten. Exemplarisch bieten sich folgende Forschungsperspektiven speziell zu Erklärvideos an:

I. Kriterienkatalog zur Beurteilung der Qualität von Erklärvideos validieren

Die bisherige pädagogische, allgemeindidaktische und medienwissenschaftliche Forschung zu Erklärvideos hat herausgearbeitet, dass Erklärvideos oftmals eher intuitiv statt kriteriengeleitet beurteilt werden (vgl. Wolf 2015c, 126). Es ist daher dringend geboten, den von uns aus der Literatur entwickelten Kriterienkatalog zur Beurteilung von Erklärvideos empirisch zu überprüfen und zu validieren, ggf. auch zu reorganisieren oder zu reduzieren. Dies kann auch als Interventionsstudie oder als Vergleich mit „herkömmlichen“ Vermittlungsansätzen wie z. B. den so genannten „Methodenseiten“ in den Schulbüchern geschehen.

II. Wirksamkeit von Erklärvideos und Kompetenzentwicklung der Lernenden überprüfen

Vorhandene Erklärvideos im Fach Geschichte müssen im Hinblick auf ihre Wirksamkeit untersucht werden (vgl. dazu auch Bunnenberg/Steffen 2019, 15). Als Mittel der Wirksamkeitsforschung eigenen sich Diskussionen, Interviews, Umfragen und Leistungstests (vgl. Buether 2018, 122) – diese müssen jedoch ebenfalls noch entwickelt und getestet werden.

III. Erklärstrukturen, historische Sinnbildungstypen und historische Narrationen erforschen

Die bisherigen medienpädagogischen Forschungen zu Erklärvideos haben drei Erklärmuster identifiziert: schulische Vermittlungsmuster (wie z. B. Lehrerzentrierung, Lehrvortrag, Fachsprache, Visualisierung, Nutzung didaktischer Elemente), informelle Erklärstile (aus dem familiären und Freizeitbereich) sowie massenmediale Präsentationsgestaltung wie in Wissenschaftssendungen oder professionell gestalteten Videos (Wolf/Kratzer 2015, 31–32). Ebenso kamen sie zu den Ergebnissen, dass das Alter ein dominanter Faktor für die Erklärweise ist, dass Kinder relativ selten didaktische Elemente für ihre Erklärungen nutzen und massenmediale Gestaltungselemente bei ihnen vorherrschend sind. Zunehmendes Alter sowie Einflussnahme von Erwachsenen (Eltern oder Lehrkräfte) führten jedoch zu einer didaktischen Gestaltung in größerem Umfang (Wolf/Kratzer 2015, 34, 37, 41). Diese medienpädagogischen Ergebnisse müssen mithilfe fachdidaktischer Studien überprüft werden, um aus den Ergebnissen ggf. Konsequenzen für das historische Lernen mit Erklärvideos zu ziehen.

Des Weiteren bietet es sich an, neben den Erklärstrukturen auch nach Mustern historischer Sinnbildung bei selbsterstellten Videos zu fragen. Welche Typen historischer Sinnbildung nach Jörn Rüsen (Rüsen 2013, 209–215, Rüsen 2020, 75–79) nutzen Lehrende und Lernende zur Erklärung historischer Sachverhalte? Und welche Bedeutung hat das Storytelling im Hinblick auf den Erwerb narrativer Kompetenz?

Typ der Sinnbildung	Erläuterung
traditional	Es gibt aus der Geschichte von einem Ursprung über die Gegenwart hinausgehende und in die Zukunft reichende Ordnungen der Lebensverhältnisse. Der historische „Sinn" ist immer gleich, er hält allem Wandel stand. Kontinuität wird bestätigt und bekräftigt.
exemplarisch	Es gibt allgemeine Handlungsregeln, die überzeitlich gelten und nach denen (Zeit-)Erfahrungen beurteilt werden können. Ein historischer Einzelfall wird unter der Maßgabe untersucht, welche handlungsleitenden Regeln sich daraus für ähnliche Situationen in Vergangenheit, Gegenwart und Zukunft ableiten lassen.
genetisch	Veränderungen und Wandel werden als sinnvoll wahrgenommen. Es gibt keine allgemein oder gar ewig gültigen Normen und Regeln, sondern es finden Entwicklungen statt. Die Wahrnehmung von Veränderungen im Laufe der Zeit kann folglich in flexible Deutungsmuster integriert werden.
kritisch	Deutungsmuster sind prinzipiell hinterfragbar. Kritische Sinnbildung destruiert, dekonstruiert und negiert jeweils einen anderen Sinnbildungstyp; geltende historische Orientierungen werden infrage gestellt. Brüche und Diskontinuitäten kommen in den Blick. Abweichende Standpunkte und Meinungen werden kommuniziert.

Tab. 13: Sinnbildungstypen nach Rüsen 2013, 209–215

Ein Konzept für Erklärvideos, die Schülerinnen und Schüler bei der Generierung eigener historischer Narrationen unterstützen, haben jüngst die beiden Geschichtsdidaktikerinnen Andrea Brait und Heike Krösche am Beispiel Menschenrechte vorgestellt (Brait/Krösche 2024).

IV. Untersuchung anhand weiterer geschichtsdidaktischer Prinzipien

Im Hinblick auf die Analyse didaktischen Filmmaterials bieten sich noch weitere geschichtsdidaktische Prinzipien an.

Hier sei exemplarisch auf die beiden Prinzipien „Gegenwartsbezug“ und „Personalisierung/Personifizierung“ hingewiesen.

Ein gelungener Gegenwartsbezug gilt als Glanzstunde des Geschichtsunterrichts. Er legitimiert ihn in didaktischer und pädagogischer Hinsicht. Auch wenn es sicherlich viele Kritikpunkte an diesem Prinzip gibt (Bergmann 2012, 10–14), handelt es sich doch um einen lohnenswerten Zugang, der den Schülerinnen und Schülern ein hohes Maß an Relevanz für die historische Arbeit anbietet.

Zunächst können die Erklärvideos daraufhin untersucht werden, ob überhaupt ein Gegenwartsbezug angeboten wird. Bergmann unterscheidet zwischen dem unmittelbaren Gegenwartsbezug, den Gegenwartbezug als Ursachenzusammenhang oder als Sinnzusammenhang. Die von uns untersuchten Videos weisen oft keinen inhaltlichen Gegenwartsbezug auf, sondern versuchen an die Lebenswelt der Schülerinnen und Schüler rein auf der visuellen Ebene anzuknüpfen, indem bekannte, möglichst innovative, visuelle Strategien angewendet werden. Falls dennoch ein Gegenwartbezug vorliegt, stellt sich die Frage, um welche Art es sich handelt und ob dieser als gelungen zu betrachten ist. Die Macher der Videos von Simple Club beispielweise bieten immer wieder sogenannte Gegenwartsbezüge an, die sich aber bei genauerer Analyse als gescheiterte Sinnzusammenhänge entpuppen. Wenn das höfische Leben am Hof Ludwigs XVI. mit ersonnenen „Koks- und Nuttenparties“ heutiger Politiker verglichen wird, dann handelt es sich eher um einen aufmerksamkeitsheischenden Sidekick als einen Sinnzusammenhang, der gegenwärtige Problemfragen strukturell sinnvoll mit der Vergangenheit vergleicht. MrWissen2go bildet hier sicherlich eine Ausnahme, da er ansatzweise in neueren Videos gegenwärtige Problemfragen mit historischen vergleicht. EinfachGeschichte problematisiert einen Begriff der heutigen Geschichtskultur. Weitere Gegenwartsbezüge könnten darin bestehen, über Errungenschaften oder Hypotheken der Vergangenheit zu sprechen, die für uns heute noch bedeutsam sind.

Art des Gegenwartsbezugs	Erläuterung
Unmittelbarer Gegenwartsbezug	Unmittelbares Erscheinen der Vergangenheit in unserer Gegenwart; materielle Überreste (z. B. Denkmäler) oder sprachliche Überbleibsel (z. B. Sprichwörter, Straßennamen), öffentlicher Gebrauch von Geschichtskultur (z. B. Feiertage, Werbung, Film).
Gegenwartsbezug als Ursachenzusammenhang	Naherinnerung, eine aktuelle Lage wird durch eine Entstehungsgeschichte verstanden (z. B. Existenz der 5 % Hürde bei Wahlen, aktuelle Konflikte wie der Nahost-Konflikt).
Gegenwartsbezug als Sinnzusammenhang	Frage nach historischen Sachverhalten, die durch in ihnen auffindbare Probleme, Wertvorstellungen und Erfahrungen in einer Beziehung zu gegenwärtigen Phänomenen und Problemen stehen (z. B. Corona-Pandemie – Spanische Grippe). Der Vergleich muss sowohl ähnliche als auch unterschiedliche Strukturen und Lösungen im jeweiligen historischen Kontext herausarbeiten.
Errungenschaften der Vergangenheit	Sachverhalte der Gegenwart, die als selbstverständlich wahrgenommen werden können, die aber unter Schwierigkeiten in langen Prozessen errungen wurden (z. B. Menschenrechte, Wahlrecht, Elemente der Geschlechterdemokratie).
Hypotheken der Vergangenheit	Negative Vermächtnisse der Vergangenheit, nicht billigenswerte Wertvorstellungen und Handlungen (z. B. Kolonialismus, Holocaust)

Tab. 14: Arten von Gegenwartsbezügen nach Bergmann 1977 und 1997

Personalisierung und Personifizierung als geschichtsdidaktische Prinzipien bieten einen weiteren recht leicht durchzuführenden Ansatzpunkt zur Analyse. Obwohl Personifizierung in den 1970er Jahren im Zuge der neuen Sozialgeschichtsschreibung als Gegenkonzept zu Personalisierung eingeführt worden ist und aus heutigen Unterrichtsmaterialien nicht mehr wegzudenken ist, findet dieses Prinzip wenig Anklang in den meisten Erlärvideos, in professionellen Lehrfilmen kommerzieller Anbieter hingegen schon (z. B. in der Reihe „Geschichte interaktiv“ der Anne Roerkohl dokumentARfilm GmbH). Hieran zeigt sich, dass die spezialisierten Bildungsmedienverlage, die über längere Erfahrungen in der Produktion didaktischer Materialien respektive historischer Lehrfilme verfügen, offensichtlich auf ein breiteres didaktisches und methodisches Repertoire zurückgreifen können. Viele Erklärvideos hingegen bemühen bislang die recht konventionelle personalisierte Erzählstruktur entlang der „großen Männer“. Hier ist die Frage zu stellen, ob die heutigen Videos nicht oftmals einen Rückfall in didaktisch längst überwunden geglaubte Erzählmuster darstellen.

Personalisierung	Geschichte wird anhand des Handelns berühmter Persönlichkeiten veranschaulicht (z. B. Napoleon).
Personifizierung	Anhand eines individuellen (evtl. konstruierten) Beispiels wird ein möglichst umfassendes Bild einer gesellschaftlichen Gruppe erzeugt, die sonst nur anonym dargestellt wird. Oft handelt es sich dabei um die Geschichte so genannter „kleiner Leute“ (z. B. deren Alltag und/oder Auswirkungen politischer Entscheidungen auf ihr Leben).

Tab. 15: Personalisierung und Personifizierung (nach Bergmann 1977 und 1997)

Historisches Lernen als sozialer Prozess

Trotz rasanter technischer Entwicklungen und dementsprechend zunehmender Digitalität bleibt historisches Lernen allerdings auch weiterhin ein sozialer Prozess (vgl. Lauer 2020, 82–84), der sich in Auseinandersetzung mit anderen Menschen und ihren Positionen vollzieht – das hat gerade auch die Pandemie mit ihren Schulschließungen und die permanente Forderung nach der Rückkehr zum Präsenzunterricht aus pädagogischen und entwicklungspsychologischen Gründen eindrucksvoll bewiesen. Lernen ist schließlich weitaus mehr als ein technologischer Akt.

Historisches Lernen ist (und bleibt) mit Anstrengung verbunden

Das gilt auch und ganz besonders für einen Aspekt, der vor allem die Lernenden betrifft. Anders als es viele Anbieter suggerieren, dass man mit Hilfe von Videos mühelos und stets mit Freude lerne, möchten wir betonen, dass die medialen Vorzüge auf individuelle Anstrengungs- und Leistungsbereitschaft treffen müssen, damit wirklich ein Lernerfolg eintritt. Aus einem solchen Blickwinkel sind Kommentare, wie man sie vielfach unter Erklärvideos findet und die „Mein Lehrer hat sechs Stunden für das Thema gebraucht und du erklärst mir das in fünf Minuten." oder ähnlich lauten, nicht hilfreich. Derartige Kritik an Schule, Unterricht und Lehrkräften verkennt nämlich die fundamentalen systemischen, institutionellen, professionellen, sozialen und medialen Unterschiede zwischen online verfügbaren Erklärvideos und real stattfindendem schulischen Geschichtsunterricht. Erklärvideos sind nämlich keine Sparvariante oder gar „Abkürzung"; ihre Behandlung im Unterricht ist im Gegenteil sehr zeitaufwändig – das gilt sowohl für die analytische Rezeption als auch vor allem für die eigene Produktion. Voraussetzung für die inhaltliche wie mediale Auseinandersetzung mit Erklärvideos bleibt aber weiterhin hochwertiger Unterricht.

Deshalb werden auch Lehrkräfte nicht überflüssig. Trotz aller Unterstützung durch digitale Medien und technische Geräte müssen die Lernenden nämlich weiterhin von geschichtsdidaktisch qualifizierten Lehrkräften angeleitet werden, damit diese sich im vielfältigen Angebot digitaler Medien orientieren und kompetent bedienen können. Dadurch wird historisches Lernen nämlich erst ermöglicht – auch im 21. Jahrhundert.

9. Literatur

Anggraini, Weni/Sunawan, Sunawan/Murtadho, Ali (2019): The Effects of the Presence of Tutor in the Learning Video on Cognitive Load and Academic Achievement. In: Islamic Guidance and Counseling Journal 3.1, S. 9–17.

Antenhofer, Christina/Kühberger, Christoph/Strohmeyer, Arno (Hg.) 2024: Digital Humanities in den Geschichtswissenschaften. Wien.

Arendes, Cord (2019): Sesamstraße und Telekolleg als Vorbilder? Erklärvideos auf YouTube als Fortsetzung des traditionellen Schul- und Bildungsfernsehens „mit anderen Mitteln". In: Bunnenberg, Christian/Steffen, Nils (Hg.): Geschichte auf YouTube, Neue Herausforderungen für Geschichtsvermittlung und historische Bildung. Berlin, S. 27–60.

Arnold, Kerstin/Barth, Steffen (2024): Erklärvideos im Geschichtsunterricht. Möglichkeiten und Grenzen. In: Geschichte lernen 217, S. 2–11.

Arnold, Sebastian/Zech, Jonas (2019): Kleine Didaktik des Erklärvideos. Erklärvideos für und mit Lerngruppen erstellen und nutzen. Braunschweig.

Asen-Molz, Katharina (2022): Gut erklären können – die Superpower von Lehrkräften. In: Grundschule 55, Heft 3, S. 8–10.

Asen-Molz, Katharina/Knott, Christina/Schilcher, Anita (2022): Erklären als Core Practice. Über die Förderung von Erklärkompetenz angehender Lehrkräfte. In: journal für lehrerInnenbildung, 22, Heft 3, S. 30–43.

Barsch, Sebastian (2020): Does experience with digital storytelling help students to critically evaluate educational videos about history?. In: History Education Research Journal 17.1, S. 67–80.

Barsch, Sebastian (2024): Produkte digitaler Geschichtskultur de-konstruieren. In: Antenhofer, Christina/Kühberger, Christoph/Strohmeyer, Arno (Hg.) 2024: Digital Humanities in den Geschichtswissenschaften. Wien, S. 443-448.

Bartelborth, Thomas (2007): Erklären. Berlin.

Bergmann, Klaus ([2]1977): Personalisierung im Geschichtsunterricht – Erziehung zur Demokratie? Stuttgart.

Bergmann, Klaus ([5]1997): Personalisierung, Personifizierung. In: Bergmann, Klaus/Fröhlich, Klaus/Kuhn, Annette/Rüsen, Jörn/Schneider, Gerhard (Hg.): Handbuch der Geschichtsdidaktik. Seelze-Velber, S. 298-300.

Bergmann, Klaus ([3]2012): Der Gegenwartsbezug im Geschichtsunterricht. Schwalbach/Ts.

Bernhardt, Markus/Neeb, Sven (2020): Medienwandel. Digitale Lernumgebungen im Geschichtsunterricht. In: Geschichte lernen 194, S. 2–11.

Bernhardt, Markus/Neeb, Sven (2021): Der geschichtsdidaktische Doppeldecker. Chancen und Potentiale bei der Implementierung von digitalen Medien in die universitäre Ausbildung von Lehramtsstudierenden im Fach Geschichte. In: Sauer, Michael/Runge, Friederike (Hg.): Geschichtsdidaktische Hochschullehre. Strukturen – Konzepte – Methoden. Frankfurt/M., S. 132–152.

Bernsen, Daniel/König, Alexander/Spahn, Thomas (2012): Medien und historisches Lernen. Eine Verhältnisbestimmung und ein Plädoyer für eine digitale Geschichtsdidaktik. In: Zeitschrift für digitale Geschichtswissenschaften 1, online verfügbar unter: http://universaar.uni-saarland.de/journals/index.php/zdg/article/view/294.

Bernsen, Daniel/Spahn, Thomas (2015): Medien und historisches Lernen. Herausforderungen und Hypes im digitalen Wandel. In: Zeitschrift für Geschichtsdidaktik 14, S. 191–203.

Bernsen, Daniel/Kerber, Ulf (Hg.) 2017: Praxishandbuch Historisches Lernen und Medienbildung im digitalen Zeitalter. Bonn.

Brauch, Nicola/Heine, Lena/Bramann, Christoph (2020): Schriftliches Erklären im Fach Geschichte unterstützen. Ansätze eines sprachlich-epistemologischen Scaffolding-Tools. In: Sandkühler, Thomas/Bernhardt, Markus (Hg.): Sprache(n) des Geschichtsunterrichts. Sprachliche Vielfalt und historisches Lernen. Göttingen, S. 137–164.

Brait, Andrea/Krösche, Heike (2024): Erklärvideos als geschichtskulturelles Phänomen und die Notwendigkeit von Erklärvideos 2.0 am Beispiel des Themas Menschenrechte. In: Hartung, Olaf/Krebs, Alexandra/Meyer-Hamme, Johannes (Hg.): Geschichtskulturen im digitalen Wandel?. Frankfurt/M., im Erscheinen.

Brame, Cynthia. J. (2016): Effective Educational Videos: Principles and Guidelines for Maximizing Student Learning from Video Content. In: CBE – Life Sciences Education 15, Heft 4, S. 1–6.

Buchberger, Wolfgang/Kühberger, Christoph/Stuhlberger, Christoph (Hg.) 2015: Nutzung digitaler Medien im Geschichtsunterricht. Innsbruck.

Buether, Axel (2018): Didaktik des Lernfilms – Lehren und Lernen durch audiovisuelle Medien. In: Rückert, Friederike (Hg.): Bewegte Welt – Bewegte Bilder. Bewegtbilder im kunst- und medienpädagogischen Kontext. München, S. 113–143.

Bunnenberg, Christian/Steffen, Nils (2019): Broadcast yourself: history stories! Geschichte auf YouTube – eine Bestandsaufnahme. In: Bunnenberg, Christian/Steffen, Nils (Hg.): Geschichte auf YouTube, Neue Herausforderungen für Geschichtsvermittlung und historische Bildung. Berlin, S. 3–24.

Danto, Arthur C. (1974): Analytische Philosophie der Geschichte. Frankfurt/M.

Demantowsky, Marko/Pallaske, Christoph (Hg.) 2015: Geschichte lernen im digitalen Wandel. München.

Dorgerloh, Stephan/Wolf, Karsten D. (Hg.) 2020: Lehren und Lernen mit Tutorials und Erklärvideos. Weinheim und Basel.

Drotschmann, Mirko (2019): „YouTube bietet ganz andere Möglichkeiten …" – Interview mit dem YouTuber Mirko Drotschmann (MrWissen2go). In: Bunnenberg, Christian/Steffen, Nils (Hg.): Geschichte auf YouTube, Neue Herausforderungen für Geschichtsvermittlung und historische Bildung. Berlin, S. 163–176.

Ehlich, Konrad (2009): Erklären verstehen – Verstehen und Erklären. In: Vogt, Rüdiger (Hg.): Erklären. Gesprächsanalytischer und fachdidaktische Perspektiven. Tübingen, S. 11–24.

Einheitliche Prüfungsanforderungen in der Abiturprüfung Geschichte. Beschluss der Kultusministerkonferenz vom 1.12.1989 in der Fassung vom 10.2.2005, online verfügbar unter: https://www.kmk.org/fileadmin/veroeffentlichungen_beschluesse/1989/1989_12_01-EPA-Geschichte.pdf (zuletzt eingesehen am 10.7.2023).

Fey, Carl-Christian (2021): Erklärvideos – eine Einführung zu Forschungsstand, Verbreitung, Herausforderungen. In: Matthes, Eva/Siegel, Stefan T./Heiland, Thomas (Hg.): Lehrvideos – das Bildungsmedium der Zukunft? Erziehungswissenschaftliche und fachdidaktische Perspektiven. Bad Heilbrunn, S. 15–30.

Film + Schule NRW, LWL-Medienzentrum für Westfalen (Hg.) 2016: Erklärvideos im Unterricht. Einstieg in die Filmbildung mit YouTube-Formaten. Münster, online verfügbar unter: https://www.filmundschule.nrw.de/media/filer_public/7b/30/7b30ff63-47a4-4c98-9139-b0ff7490a36a/erklarvideos-im-unterricht.pdf.

Findeisen, Stefanie/Horn, Sebastian/Seifried, Jürgen (2019): Lernen durch Videos: Empirische Befunde zur Gestaltung von Erklärvideos. In: MedienPädagogik – Zeitschrift für Theorie und Praxis der Medienbildung (Occasional Papers), 16–36, online verfügbar unter: https://doi.org/10.21240/mpaed/00/2019.10.01.X.

Flink, Tobias (2022): „Erklären in Geschichte ist halt ganz normales Erklären von z. B. Themen" – Erste Ergebnisse einer Interventionsstudie zu schülerseitigem historischem Erklären. In: Hensel-Grobe, Meike/Ochs, Heidrun (Hg.): Geschichtsdidaktik Update. Aktuelle geschichtsdidaktische Forschungsansätze der Early Career Researchers. Göttingen, S. 95–110.

Friedburg, Christopher (2015): Was heißt hier „Web 2.0"? Überlegungen zu einem Grundbegriff in der geschichtsdidaktischen Diskussion um den „digitalen Wandel". In: Pallaske, Christoph (Hg.): Medien machen Geschichte. Neue Anforderungen an den geschichtsdidaktischen Medienbegriff im digitalen Wandel. Berlin, S. 85–97.

Frings, Andreas (2008): Erklären und Erzählen: Narrative Erklärungen historischer Sachverhalte. In: Frings, Andreas/Marx, Johannes (Hg.): Erzählen, Erklären, Verstehen. Beiträge zur Wissenschaftstheorie und Methodologie der Historischen Kulturwissenschaften. Berlin, S. 129–164.

Gaubitz, Sarah (2021): Analysen von Erklärvideos für den sozialwissenschaftlichen Sachunterricht – ein Entwicklungsfeld für die Lehrer*innenausbildung. In: Matthes, Eva/Siegel, Stefan T./Heiland, Thomas (Hg.): Lehrvideos – das Bildungsmedium der Zukunft? Erziehungswissenschaftliche und fachdidaktische Perspektiven. Bad Heilbrunn, S. 213–222.

Glaser, Moritz (2020): Erklär-Videos drehen. Eine Methode zur Förderung narrativer Kompetenz. In: Praxis Geschichte 1, S. 52-53.

Grosch, Waldemar (2012): Der Einsatz digitaler Medien in historischen Lernprozessen. In: Barricelli, Michele/Lücke, Martin (Hg.): Handbuch Praxis des Geschichtsunterrichts, Bd. 2. Schwalbach/Ts., S. 125–145.

Günther-Arndt, Hilke (2015): Ein neuer geschichtsdidaktischer Medienbegriff angesichts des digitalen Wandels?. In: Pallaske, Christoph (Hg.): Medien machen Geschichte. Neue Anforderungen an den geschichtsdidaktischen Medienbegriff im digitalen Wandel. Berlin, S. 17–36.

Haltenberger, Melanie/Lenzgeiger, Barbara/Fuchs, Elisabeth (2022): Hochwertige Erklärvideos erkennen. In: Grundschule 55, Heft 3, S. 12–14.

Haltenberger, Melanie/Asen-Molz, Katharina (2022): Gewinnbringender Einsatz von Erklärvideos im Unterricht. In: Grundschule 55, Heft 3, S. 16–22.

Handke, Jürgen ([3]2020): Handbuch Hochschullehre Digital. Baden-Baden.

Handro, Saskia ([8]2020): Historische Erkenntnisverfahren. In: Günther-Arndt, Hilke/Handro, Saskia (Hg.): Geschichts-Methodik. Handbuch für die Sekundarstufe I und II. Berlin, S. 24–43.

Hartung, Tim (2020): Geschichtsdarstellungen auf YouTube – geschichtsdidaktische Prinzipien für die Beurteilung von Erklärvideos. In: Gallner-Holzmann, Katharina/Hug, Theo/Pallaver, Günther (Hg.): Jugendliche Mediennutzung und die Zukunft des Qualitätsjournalismus. Innsbruck, S. 99-116.

Haussmann, Thomas (1991): Erklären und Verstehen. Zur Theorie und Pragmatik der Geschichtswissenschaft – mit einer Fallstudie über die Geschichtsschreibung zum deutschen Kaiserreich von 1871–1918. Frankfurt/M.

Heinicke, Susanne (2016): Erklären – mehr als Worte. Zehn Anregungen zum Üben nonverbaler Anteile beim Erklären. In: Naturwissenschaft im Unterricht Physik 27, Heft 152, S. 22–29.

Hepp, Ralph (2020): Operator „Erklären“. Ein Vorschlag zur Einführung des Operators am Beispiel „Brechung“. In: Naturwissenschaft im Unterricht Physik 31, Heft 175, S. 12–15.

Hickethier, Knut (2012): Film- und Fernsehanalyse. Stuttgart.

Horn, Sabine (2009): Erinnerungsbilder. Auschwitz-Prozess und Majdanek-Prozess im westdeutschen Fernsehen. Essen.

Horn, Sabine (2021): Zur Qualität dominanter Erklärvideos bei YouTube und der Verantwortung der Geschichtsdidaktik. In: Deile, Lars/Van Norden, Jörg/Riedel, Peter (Hg.): Brennpunkte heutigen Geschichtsunterrichts. Joachim Rohlfes zum 90. Geburtstag. Frankfurt/M., S. 149–155.

Husemann, Charlotte (2022): Geschichte beschreiben, Geschichte erklären. Eine Untersuchung fachsprachlicher Konzepte und fachlicher Sprachhandlungsfähigkeit von Gesamtschüler*innen der Sekundarstufe I. Göttingen.

John, Anke (2017): Wissen2go – Frontalunterricht auf YouTube. In: Public History Weekly 5.25, online verfügbar unter: https://public-history-weekly.degruyter.com/5-2017-25/wissen2go-teacher-centered-instruction-on-youtube/.

Kerber, Ulf (2017): Narration und Digital Storytelling im Geschichtsunterricht. In: Bernsen, Daniel/Kerber, Ulf (Hg.): Praxishandbuch Historisches Lernen und Medienbildung im digitalen Zeitalter. Bonn, S. 181–192.

Kiel, Ewald (1999): Erklären als didaktisches Handeln. Würzburg.

Klein, Josef (2001): Erklären und Argumentieren als interaktive Gesprächsstrukturen. In: Brinker, Klaus/Antos, Gerd/Heinemann, Wolfgang/Sager, Sven F. (Hg.): Text- und Gesprächslinguistik. Ein internationales Handbuch zeitgenössischer Forschung. Berlin und New York, S. 1309–1329.

Klein, Josef (2009): Erklären-Was, Erklären-Wie, Erklären-Warum. Typologie und Komplexität zentraler Akte der Welterschließung. In: Vogt, Rüdiger (Hg.): Erklären. Gesprächsanalytische und fachdidaktische Perspektiven. Tübingen, S. 25–36.

König, Alexander/Weller, Michael (2018): Rechtliche Stolpersteine. Orientierung und praktische Lösungswege. In: Computer + Unterricht 29, Heft 109, S. 34–35.

Kulgemeyer, Christoph/Schecker, Horst (2013): Students Explaining Science - Assessment of Science Communication Competence. In: Research in Science Education 43.6, S. 2235–2256.

Kulgemeyer, Christoph/Tomczyszyn, Elisabeth (2015): Physik erklären – Messung der Erklärensfähigkeit angehender Physiklehrkräfte in einer simulierten Unterrichtssituation. In: Zeitschrift für Didaktik der Naturwissenschaften 21, S. 111–126.

Kulgemeyer, Christoph (2016): Lehrkräfte erklären Physik. Rolle und Wirksamkeit von Lehrererklärungen im Physikunterricht. In: Naturwissenschaft im Unterricht Physik 27, Heft 152, S. 2–9.

Kulgemeyer, Christoph (2018): Wie gut erklären Erklärvideos? Ein Bewertungs-Leitfaden. In: Computer + Unterricht 29, Heft 109, S. 8–11.

Lachner, Andreas/Ly, Kim-Tek/Nückles, Matthias (2018): Providing written or oral explanations? Differential effects of the modality of explaining on students' conceptual learning and transfer. In: Journal of Experimental Education 86.3, S. 344–361.

Lackner, Elke (2014): Didaktisierung von Videos zum Einsatz in (x) MOOCs. Von Imperfektion und Zwischenfragen. In: Rummler, Klaus (Hg.): Lernräume gestalten – Bildungskontexte vielfältig denken. Münster und New York, S. 343–355.

Lauer, Gerhard (2020): Gibt es digitales Lernen?. In: Demantowsky, Marko/Lauer, Gerhard/Schmidt, Robin/te Wildt, Bert (Hg.): Was macht die Digitalisierung mit den Hochschulen? Einwürfe und Provokationen. München, S. 77–90.

Lehner, Martin (2018): Erklären und Verstehen. Eine kleine Didaktik der Vermittlung. Bern.

Leinhardt, Gaea (1997): Instructional explanations in history. In: International Journal of Educational Research 27, Heft 3, S. 221–232.

Leinhardt, Gaea ([4]2001): Instructional Explanations. A Commonplace for Teaching and Location for Contrast. In: Richardson, Virginia (Hg.): Handbook of Research on Teaching. Washington, S. 333–357.

Leisen, Josef (2008): Anderen Physik erklären. Adressatengerecht schreiben lernen. In: Naturwissenschaft im Unterricht Physik 19, Heft 104, S. 26–27.

Lindl, Alfred/Gaier, Lisa/Weich, Matthias/Frei, Mario/Ehras, Christina/Gastl-Pischetsrieder, Maria/Elmer, Michael/Asen-Molz, Katharina/Ruck, Anna-Maria/Heinze, Jana/Murmann, Renate/Gunga, Eileen/Röhrl, Simone (2019): Eine ‚gute' Erklärung für alle?! Gruppenspezifische Unterschiede in der Beurteilung von Erklärqualität – erste Ergebnisse aus dem interdisziplinären Forschungsprojekt FALKE. In: Ehmke, Timo/Kuhl, Poldi/Pietsch, Marcus (Hg.): Lehrer. Bildung. Gestalten. Beiträge zur empirischen Forschung in der Lehrerbildung. Weinheim, S. 128–141.

Matthes, Eva/Siegel, Stefan T./Heiland, Thomas (2021): Einleitung. In: Matthes, Eva/Siegel, Stefan T./Heiland, Thomas (Hg.): Lehrvideos – das Bildungsmedium der Zukunft? Erziehungswissenschaftliche und fachdidaktische Perspektiven. Bad Heilbrunn, S. 7–11.

Matthes, Eva/Lachner, Hannah Rabea (2021): Sexismus in Erklärvideos von simpleclub. In: Matthes, Eva/Siegel, Stefan T./Heiland, Thomas (Hg.): Lehrvideos – das Bildungsmedium der Zukunft? Erziehungswissenschaftliche und fachdidaktische Perspektiven. Bad Heilbrunn, S. 50–69.

Mayer, Thomas (2024): Lernvideos selbst produzieren. Die Ursachen der Französischen Revolution. In: Geschichte lernen 217, S. 20–24.

Mayer, Ulrich ([2]2009): Verstehen/Erklären. In: Mayer, Ulrich/Pandel, Hans-Jürgen/Schneider, Gerhard/Schönemann, Bernd (Hg.): Wörterbuch Geschichtsdidaktik. Schwalbach/Ts., S. 195-196.

Medienpädagogischer Forschungsverbund Südwest (Hg.) 2018: JIM-Studie 2018. Jugend, Information, Medien – Basisuntersuchung zum Medienumgang 12- bis 19-Jähriger. Stuttgart.

Medienpädagogischer Forschungsverbund Südwest (Hg.) 2019: JIM-Studie 2019. Jugend, Information, Medien – Basisuntersuchung zum Medienumgang 12- bis 19-Jähriger. Stuttgart.

Medienpädagogischer Forschungsverbund Südwest (Hg.) 2020a: JIM-Studie 2020. Jugend, Information, Medien – Basisuntersuchung zum Medienumgang 12- bis 19-Jähriger. Stuttgart.

Medienpädagogischer Forschungsverbund Südwest (Hg.) 2020b: JIMplus 2020 Lernen und Freizeit in der Corona-Krise. Stuttgart.

Medienpädagogischer Forschungsverbund Südwest (Hg.) 2020c: Gute Noten für Homeschooling. Sonderbefragung „JIMplus Corona" zum Medienumgang während der Schulschließung, Pressemitteilung. Stuttgart.

Medienpädagogischer Forschungsverbund Südwest (Hg.) 2022: JIM-Studie 2022. Jugend, Information, Medien – Basisuntersuchung zum Medienumgang 12- bis 19-Jähriger. Stuttgart.

Meller, Stefan (2017): Erklärvideos als Bildungsressource. Wie YouTube und Co. Lernen verändern. In: ph publico. Impulse aus Wissenschaft, Forschung und pädagogischer Praxis 12, S. 115–124.

Memminger, Josef (2023): Darstellungen im Geschichtsunterricht. In: Fenn, Monika/Zülsdorf-Kersting, Meik (Hg.): Geschichts-Didaktik. Praxishandbuch für den Geschichtsunterricht. Berlin, S. 164–180.

Memminger, Josef (2024): Lehrvortrag ade? Absage an einen Abgesang – Ein Plädoyer für den wohldosierten und reflektierten Einsatz einer fast abgeschriebenen Unterrichtsform. In: Dräger, Marco/Horn, Sabine (Hg.): Geschichte und ihre Didaktik unterrichten. Festschrift für Michael Sauer. Frankfurt/M., im Erscheinen.

Merkt, Martin/Schwan, Stephan (2020): Lernen mit Bewegtbildern: Videos und Animationen. In: Niegemann, Helmut/Weinberger, Armin (Hg.): Handbuch Bildungstechnologie. Berlin und Heidelberg, S. 333–342.

Mikos, Lothar (2023): Film- und Fernsehanalyse. Stuttgart.

Müller, Frederike/Oeste, Sarah/Söllner, Matthias (2015): Entwicklung eines Bewertungsinstruments zur Qualität von Lernmaterial am Beispiel Erklärvideo. Kassel.

Müller, Frederike/Oeste-Reiß, Sarah (2019): Entwicklung eines Bewertungsinstruments zur Qualität von Lernmaterial am Beispiel des Erklärvideos. In: Leimeister, Jan Marco/David, Klaus (Hg.): Chancen und Herausforderungen des digitalen Lernens. Methoden und Werkzeuge für innovative Lehr-Lern-Konzepte. Berlin und Heidelberg, S. 51–73.

Muhlack, Ulrich (2002): Verstehen. In: Jordan, Stefan (Hg.): Lexikon Geschichtswissenschaft. Hundert Grundbegriffe. Stuttgart, S. 310–314.

Muhlack, Ulrich ([3]2007): Verstehen. In: Goertz, Hans-Jürgen (Hg.) Geschichte. Ein Grundkurs. Reinbek, S. 104–136.

Munzinger, Paul: Nachhilfe im Internet. „Am Ende muss es der Schüler verstehen.". In: Süddeutsche Zeitung vom 27.9.2019.

Muuß-Merholz, Jöran (2019): Der große Verstärker. Spaltet die Digitalisierung die Bildungswelt? in: Aus Politik und Zeitgeschichte, 27-28, S. 4–10.

Neubert, Anja (2019): „Ist auf jeden Fall ein geiles Thema!" – TheSimpleClub als Herausforderung historischer Nonsensbildung. In: Bunnenberg, Christian/Steffen, Nils (Hg.): Geschichte auf YouTube, Neue Herausforderungen für Geschichtsvermittlung und historische Bildung. Berlin, S. 261–282.

Neubert, Anja (2024): Algorithmen machen Geschichte? Erklärvideos auf YouTube und TikTok. In: Geschichte lernen 217, S. 50–56.

Neumeister Nicole (2011): (Wie) Wird im Deutschunterricht erklärt? – Wissensvermittelnde Handlungen im Sprachunterricht der Sekundarstufe I. Ludwigsburg.

Neumeister, Nicole/Vogt, Rüdiger ([4]2020): Erklären im Unterricht. In: Becker-Mrotzek, Michael (Hg.): Mündliche Kommunikation und Gesprächsdidaktik. Baltmannsweiler, S. 562–583.

Ng, Yen Ying/Przybyłek, Adam (2021): Instructor Presence in Video Lectures: Preliminary Findings From an Online Experiment. In: IEEE Access 9, S. 36485–36499.

Ödén, Clara (2021): Erklärvideos im Geschichtsunterricht. Eine Untersuchung der Auswirkung der „Cognitive Theory of Multimedia Learning" nach Mayer. Bremen (Masterarbeit).

Ofner, Simone (2017): Geschichte einfach erklärt auf YouTube. Zum Einsatz von Erklär- bzw. Lernvideos im Geschichtsunterricht am Beispiel des Kanals The Simple History. Graz (Diplomarbeit).

Pandel, Hans-Jürgen (2017a): Geschichtstheorie. Eine Historik für Schülerinnen und Schüler – aber auch für ihre Lehrer. Schwalbach/Ts.

Pandel, Hans-Jürgen ([2]2017b): Geschichtsdidaktik. Eine Theorie für die Praxis. Schwalbach/Ts.

Pandel, Hans-Jürgen (2024): Geschichtsdenken. Grundzüge einer fachspezifischen Methodik. Frankfurt/M.

Persike, Malte (2020): Videos in der Lehre: Wirkungen und Nebenwirkungen. In: Niegemann, Helmut/Weinberger, Armin (Hg.): Handbuch Bildungstechnologie. Berlin und Heidelberg, S. 271–301.

Philippi, Birte Svea (2018): Klappe die erste! In fünf Schritten zum eigenen Erklärvideo. In: Computer + Unterricht 29, Heft 109, S. 36–38.

Popp, Susanne (2021): Geschichtsbezogene Erklärvideos – Überlegungen und Beobachtungen aus geschichtsdidaktischer Perspektive. In: Matthes, Eva/Siegel, Stefan T./Heiland, Thomas (Hg.): Lehrvideos – das Bildungsmedium der Zukunft? Erziehungswissenschaftliche und fachdidaktische Perspektiven. Bad Heilbrunn, S. 168–177.

Popp, Susanne (2023): „Alles, was du wissen musst". Erklärvideos als Repräsentanten einer „Geschichtskultur2go". In: Bennewitz, Nadja/Büchert, Gesa/Kilau, Mona (Hg.): Positionen, Projekte, Perspektiven. Zwischen Geschichtsdidaktik und fränkischer Kulturgeschichte. Göttingen, S. 39–50.

Rehders, Henrike (2019): Partizipation für alle? Partizipative Geschichtskultur auf YouTube. In: Bunnenberg, Christian/Steffen, Nils (Hg.): Geschichte auf YouTube, Neue Herausforderungen für Geschichtsvermittlung und historische Bildung. Berlin, S. 193–210.

Reisman, Avishag (2009): Teaching the Principle of Contextual Causation. In: Martens, Matthias/Hartmann, Ulrike/Sauer, Michael/Hasselhorn, Marcus (Hg.): Interpersonal Understanding in Historical Context. Rotterdam, S. 43–60.

Renkl, Alexander (1997): Lernen durch Erklären: Was, wenn Rückfragen gestellt werden? In: Zeitschrift für Pädagogische Psychologie 11, Heft 1, S. 41–51.

Renkl, Alexander/Wittwer, Jörg/Große, Cornelia/Hauser, Sabine/Hilbert, Tatjana/Nückles, Matthias/Schwarm, Silke (2006): Instruktionale Erklärungen beim Erwerb kognitiver Fertigkeiten: sechs Thesen zu einer oft vergeblichen Bemühung. In: Hosenfeld, Ingmar/Schrader, Friedrich-Wilhelm (Hg.): Schulische Leistung. Grundlagen, Bedingungen, Perspektiven. Münster u. a., S. 205–223.

Renz, Karin (2020): Visualisierungen bei instruktionalen Erklärungen. Eine qualitative Analyse der Bedeutung von Visualisierungen mithilfe von Erklär-Videos am Beispiel des Themas Äquivalenzumformungen. Freiburg.

Röder, Dennis/Popp, Susanne (2022): Why History Education? Exploring YouTube Explanatory Videos – The German Example of „MrWissen2go Geschichte". In: International Journal of Research on History Didactics, History Education and History Culture (JHEC). Yearbook of the International Society for History Didactics 43, S. 141–155.

Roers, Benjamin (2019): „Herrlich unprofessionell" – Zur Authentifizierung von Geschichte(n) auf YouTube am Beispiel MrWissen2go (2012–2013). In: Bunnenberg, Christian/Steffen, Nils (Hg.): Geschichte auf YouTube, Neue Herausforderungen für Geschichtsvermittlung und historische Bildung. Berlin, S. 145–160.

Rosenthal, Gabriele (2005): Interpretative Sozialforschung. Eine Einführung. Weinheim.

Ruck, Anna-Maria/Memminger, Josef (2019): Musterbewusst begründen? Fachspezifische Modellierung einer Studie zum Erklären im Geschichtsunterricht. In: Zeitschrift für Geschichtsdidaktik 18, S. 146–165.

Rummler, Klaus/Wolf, Karsten D. (2012): Lernen mit geteilten Videos: aktuelle Ergebnisse zur Nutzung, Produktion und Publikation von Online-Videos durch Jugendliche. In: Sützl, Wolfgang/Stalder, Felix/Maier, Ronald (Hg.): Medien – Wissen – Bildung. Kulturen und Ethiken des Teilens. Innsbruck, S. 253–266.

Rummler, Klaus (2017): Lernen mit Online-Videos: Eine Einführung. In: medienimpulse – Beiträge zur Medienpädagogik 55, Heft 2, S. 1–27.

Rüsen, Jörn ([5]1997): Gesetze, Erklärungen. In: Bergmann, Klaus/Fröhlich, Klaus/Kuhn, Annette/Rüsen, Jörn/Schneider, Gerhard (Hg.): Handbuch der Geschichtsdidaktik. Seelze-Velber, S. 164–169.

Rüsen, Jörn (2013): Historik. Theorie der Geschichtswissenschaft. Köln, Weimar und Wien.

Rüsen, Jörn (2020): Historische Sinnbildung. Grundlagen, Formen, Entwicklungen. Wiesbaden.

Sailer, Maximilian/Figas Paula (2015): Audiovisuelle Bildungsmedien in der Hochschullehre. Eine Experimentalstudie zu zwei Lernvideotypen in der Statistiklehre. In: Bildungsforschung 12, Heft 1, S. 77–99.

Scharpf, Stephanie/Haider, Johannes/Quante, Alina (2022): In 10 Schritten zu einem guten Erklärvideo. In: Grundschule 55, Heft 3, S. 26–29.

Schins, Fabrice (2017): Flipped Classroom – der umgedrehte Klassenraum. In: Bernsen, Daniel/Kerber, Ulf (Hg.): Praxishandbuch Historisches Lernen und Medienbildung im digitalen Zeitalter. Bonn, S. 327–336.

Schnepf, Robert (2011): Geschichte erklären. Grundprobleme und Grundbegriffe. Göttingen.

Schön, Sandra/Ebner, Florian (2013): Gute Lernvideos. ... so gelingen Web-Videos zum Lernen!. Norderstedt.

Scholz, Oliver R. (2008): Erkenntnis der Geschichte – eine Skizze. In: Frings, Andreas/Marx, Johannes (Hg.): Erzählen, Erklären, Verstehen. Beiträge zur Wissenschaftstheorie und Methodologie der Historischen Kulturwissenschaften. Berlin, S. 111–128.

Seifert, Hardy (2020): Erklärvideos im Unterricht – E-Learning in der Sekundarstufe I. Hamburg.

Sekretariat der Kultusministerkonferenz (Hg.) 2016: Bildung in der digitalen Welt. Strategie der Kultusministerkonferenz. Berlin.

Siegel, Stefan T./Hensch, Ines (2021): Qualitätskriterien für Lehrvideos aus interdisziplinärer Perspektive: Ein systematisches Review. In: Matthes, Eva/Siegel, Stefan T./Heiland, Thomas (Hg.): Lehrvideos – das Bildungsmedium der Zukunft? Erziehungswissenschaftliche und fachdidaktische Perspektiven. Bad Heilbrunn, S. 254–266.

Siegel, Stefan T./Streitberger, Sebastian/Heiland, Thomas (2021): MrWissen2go, simpleclub und Co. auf dem Prüfstand: Eine explorative Analyse von ausgewählten Anbietenden schulbezogener Erklärvideos auf YouTube. In: Matthes, Eva/Siegel, Stefan T./Heiland, Thomas (Hg.): Lehrvideos – das Bildungsmedium der Zukunft? Erziehungswissenschaftliche und fachdidaktische Perspektiven. Bad Heilbrunn, S. 31–49.

Simschek, Roman/Kia, Sahar (2017): Erklärvideos – einfach erfolgreich. Konstanz.

Sperl, Alexander (2016): Qualitätskriterien von Lernvideos. In: Großkurth, Eva-Maria/Handke, Jürgen (Hg.): Inverted Classroom and Beyond – Lehren und Lernen im 21. Jahrhundert. Marburg, S. 101–117.

Spreckels, Janet (2009): Erklären im Kontext: Neue Perspektiven. In: Spreckels, Janet (Hg.): Erklären im Kontext. Neue Perspektiven aus der Gesprächs- und Unterrichtsforschung. Baltmannsweiler, S. 1–11.

Spreckels, Janet (2009): Mündliches Erklären im Deutschunterricht. In: Krelle, Michael/Spiegel, Carmen (Hg.): Sprechen und Kommunizieren. Entwicklungsperspektiven, Diagnosemöglichkeiten und Lernszenarien in Deutschdidaktik und Deutschunterricht. Hohengehren, S. 117–138.

Steffen, Nils (2019): Doing History auf YouTube – Erklärvideos als Form performativer Historiografie. In: Bunnenberg, Christian/Steffen, Nils (Hg.): Geschichte auf YouTube, Neue Herausforderungen für Geschichtsvermittlung und historische Bildung. Berlin, S. 61–70.

Steffen, Nils/Bunnenberg, Christian (2019): Geschichte auf YouTube – ein Ausblick. In: Bunnenberg, Christian/Steffen, Nils (Hg.): Geschichte auf YouTube, Neue Herausforderungen für Geschichtsvermittlung und historische Bildung. Berlin, S. 315–318.

Stegmüller, Wolfgang ([2]1983): Probleme und Resultate der Wissenschaftstheorie und Analytischen Philosophie, Bd. 1: Erklärung, Begründung, Kausalität. Berlin, Heidelberg und New York.

Tomczyszyn, Elisabeth/Kulgemeyer, Christoph (2016): Wie kann man eine verständliche Lehrererklärung vorbereiten? Ein Blick auf das adressatengemäße Erklären. In: Naturwissenschaft im Unterricht Physik 27, Heft 152, S. 10–15.

Uebing, Judith (2019): Geschichte in 10 Minuten – Wie geht das? Ein Vorschlag zur Analyse von historischen Erklärvideos auf der Plattform YouTube. In: Bunnenberg, Christian/Steffen, Nils (Hg.): Geschichte auf YouTube, Neue Herausforderungen für Geschichtsvermittlung und historische Bildung. Berlin, S. 71–94.

Valentin, Katrin (2018): Video-Tutorials. Eine systematisierende Annäherung aus erziehungswissenschaftlicher Perspektive. In: Medienimpulse 56, Heft 4, S. 1–39.

Van Fraassen, Bas C. (1988): Die Pragmatik des Erklärens. Warum-Fragen und ihre Antworten. In: Schurz, Gerhard (Hg.): Erklären und Verstehen in der Wissenschaft. München, S. 31–89.

Van Wermeskerken, Margot/Ravensbergen, Susanna/Van Gog, Tamara (2018): Effects of instructor presence in video modeling examples on attention and learning. In: Computers in Human Behavior 89, S. 430–438.

Wagner, Anke/Wörn, Claudia (2011): Erklären lernen – Mathematik verstehen, Ein Praxisbuch mit Lernangeboten. Seelze-Velber.

Wehen, Britta (2017): Geschichtsvideos im Netz. In: Bernsen, Daniel/Kerber, Ulf (Hg.): Praxishandbuch Historisches Lernen und Medienbildung im digitalen Zeitalter. Bonn, S. 237-248.

Welskopp, Thomas (2002): Erklären. In: Jordan, Stefan (Hg.): Lexikon Geschichtswissenschaft. Hundert Grundbegriffe. Stuttgart, S. 81–84.

Welskopp, Thomas ([3]2007): Erklären, begründen, theoretisch begreifen. In: Goertz, Hans-Jürgen (Hg.) Geschichte. Ein Grundkurs. Reinbek, S. 137–177.

Wenzel, Birgit ([2]2016): Geschichte erklären. In: Vogt, Rüdiger (Hg.): Erklären. Gesprächsanalytischer und fachdidaktische Perspektiven. Tübingen, S. 169–187.

Willershausen, Andreas (2019): Geschichtsvideos und Historisches Lernen. Subdidaktische Konkurrenz oder ideales Objekt der De-Konstruktion?. In: Praxis Geschichte 5, S. 52-53.

Wittwer, Jörg/Renkl, Alexander (2008): Why Instructional Explanations Often Do Not Work. A Framework for Understanding the Effectiveness of Instructional Explanations. In: Educational Psychologist 43, Heft 1, S. 49–64.

Wörn, Claudia (2014): Unterrichtliche Erklärsituationen. Eine empirische Studie zum Lehrerhandeln und zur Kommunikation im Mathematikunterricht der Sekundarstufe I. Hamburg.

Wolf, Karsten D. (2015a): Bildungspotenziale von Erklärvideos und Tutorials auf YouTube. Audiovisuelle Enzyklopädie, adressatengerechtes Bildungsfernsehen, Lehr-Lern-Strategie oder partizipative Peer Education?. In: merz medien + erziehung 59, Heft 1, S. 30-36.

Wolf, Karsten D. (2015b): Produzieren Jugendliche und junge Erwachsene ihr eigenes Bildungsfernsehen? Erklärvideos auf YouTube. In: Televizion 28, Heft 1, S. 35-39.

Wolf, Karsten D. (2015c): Video-Tutorials und Erklärvideos als Gegenstand, Methode und Ziel der Medien- und Filmbildung. In: Hartung, Anja/Ballhausen, Thomas/Trültzsch-Wijnen, Christine/Barberi, Alessandro/Kaiser-Müller, Katharina (Hg.): Filmbildung im Wandel. Wien, S. 121-131.

Wolf, Karsten D./Kratzer, Verena (2015): Erklärstrukturen in selbsterstellten Erklärvideos von Kindern. In: Hugger, Kai-Uwe/Tillmann, Angela/Iske, Stefan/Fromme, Johannes/Grell, Petra/Hug, Theo (Hg.): Jahrbuch Medienpädagogik 12. Wiesbaden, S. 29-44.

Wolf, Karsten D./Kulgemeyer, Christoph (2016): Lernen mit Videos? Erklärvideos im Physikunterricht. In: Naturwissenschaften im Unterricht Physik 27, Heft 152, S. 36–41.

Wolf, Karsten D. (2018a): Video statt Lehrkraft? Erklärvideos als didaktisches Element im Unterricht. Computer + Unterricht 29, Heft 109, S. 4-7.

Wolf, Karsten D. (2018b): Erklärvideos finden – und bereitstellen. Eine Übersicht zur Nutzung von Videoportalen. Computer + Unterricht 29, Heft 109, S. 32-33.

Zander, Steffi/Behrens, Anne/Mehlhorn, Steven (2020): Erklärvideos als Format des E-Learnings. In: Niegemann, Helmut/Weinberger, Armin (Hg.): Handbuch Bildungstechnologie. Berlin und Heidelberg, S. 247–258.

Filmliste (letzter Zugriff: 4.3.2024):

Die Merkhilfe (2019): Französische Revolution – Ursachen & Gründe einfach erklärt – Geschichte, online verfügbar unter: https://www.youtube.com/watch?v=S7pEHdW0zBA.

EinfachSchule (2022): Goldene Zwanziger – wirklich golden? Pro und Contra Goldene Zwanziger einfach erklärt!, online verfügbar unter: https://www.youtube.com/watch?v=nvRad9_ZA6k.

MrWissen2go (2017): Französische Revolution. Gründe, online verfügbar unter: https://www.youtube.com/watch?v=TzwQVtzxGto&t=1s.

MrWissen2go (2018): Die Weimarer Republik. Die Goldenen Zwanziger, online verfügbar unter: https://www.youtube.com/watch?v=005q7qWvfGo&t=304s.

Simple Club (2016a): Entdeckung von Amerika durch Christoph Columbus, online verfügbar unter: https://www.youtube.com/watch?v=w1_IZaEc-3E.

Simple Club (2016b): Französische Revolution – Die Anfänge!, online verfügbar unter: https://www.youtube.com/watch?v=B1J24_81uIc.

Simple Club (2017a): Absolutismus und der Sonnenkönig, online verfügbar unter: https://www.youtube.com/watch?v=objvWMJtdW4.

Simple Club (2017b): Ursachen der Französischen Revolution, online verfügbar unter: https://www.youtube.com/watch?v=H-zc1aGWPys.

Wörterbuch Geschichtsdidaktik